Alzaia

Du même auteur
chez le même éditeur

Acide, Arc-en-ciel
Un nuage comme tapis
En haut à gauche
Alzaia
Tu, mio
Première heure

en collection de poche

Une fois, un jour (n° 119)
Un nuage comme tapis (n° 176)
Rez-de-chaussée (n° 191)
Acide, Arc-en-ciel (n° 201)
En haut à gauche (n° 251)
Tu, mio (n° 315)

Erri De Luca

Alzaia

Traduit de l'italien
par Danièle Valin

Rivages poche
Petite bibliothèque

Collection dirigée par Lidia Breda

Couverture : © Stock Image

Titre original : *Alzaia*

106, boulevard Saint-Germain – 75006 Paris

ISBN : 2-7436-0959-1
ISSN : 1158-5609

A Ovidio,
car les livres sont des lettres
et elles seules permettent parfois
de se rencontrer.

Avant-propos

> « Pour prendre un défaut, il faut peu de chose ou rien du tout : la force d'un canari suffit. Mais pour s'en défaire ensuite, il faut suer, bien plus que pour tirer l'haussière. »
>
> Collodi, *Giannettino*

Quand mes amis d'*Avvenire* [1] me proposèrent d'écrire un article par jour, à paraître sous le titre du journal, ils me suggérèrent d'appeler cette rubrique « viatique ». Le non-croyant que je suis n'a pas souhaité l'administrer : on sait qu'il s'agit du moment d'une délicate fonction sacerdotale. La mise en page de l'article, étroit et long sous le titre du journal, me donna envie de chercher le nom d'une corde. Dans mon dictionnaire je trouvai « alzaia » ou haussière, cordage qui sert à tirer à contre-courant depuis le rivage des péniches et des bateaux, le long des fleuves et des canaux. Ce n'était pas l'idéal, car il appelait

1. Quotidien italien.

une définition. Nous nous sommes rabattus sur « voci », c'est-à-dire mots d'un vocabulaire.

En remettant la main sur mon paquet d'articles, je reviens à mon choix d' « alzaia », sans pour autant prétendre me situer à contre-courant. Il me faudrait d'abord trouver un courant, un sens, pour en éprouver ensuite la résistance et la contre-poussée. Je reste en deçà de ce programme et je fais peut-être un usage impropre de la corde. Mais les cordes sont faites pour être patientes.

Ces articles, cent et des poussières, sont extraits du gros tas de cahiers que j'ai remplis de phrases pêchées au hasard, un peu partout. Je les ai transcrites, poussé par un maudit besoin de collectionneur, une sorte de rétention de pensées contre la perte de la mémoire. La généreuse proposition de mes amis d'*Avvenire* m'a donc trouvé inopinément prêt. Avec une habileté de brocanteur j'ai déniché la phrase, l'accident, l'idée. J'y ai ajouté ensuite des choses que j'avais vécues. Et puis, dans une proportion toute sabbatique, une sur sept, on y trouve des pensées sur certains vers des Saintes Écritures. Elles sont ma fête de lecteur solitaire et autodidacte de l'hébreu ancien, langue de l'Ancien Testament.

Ces articles sont ce que j'ai su faire de mieux, moi le jongleur de phrases des autres, peu de chose donc, bonne mesure indispensable pour moi, à laquelle je tiens. Voici *Alzaia*, nom du cordage qui tire sur l'eau une lente cargaison, le long du chemin.

GUET-APENS

Le 18 juillet 1610 sur la plage de la Feniglia près d'Orbetello un coup de soleil acheva Michelangelo Merisi, connu sous le nom du Caravage. Mais les coups qui abrégèrent sa vie, il les avait reçus à Naples, au mois d'octobre de l'année précédente, dans un guet-apens à la sortie d'une taverne. Ainsi le peintre de l'obscurité lacérée à coups de poignard de lumière, mourut en citoyen de la Méditerranée, écharpé à Naples et cuit au soleil de la Tyrrhénienne. Il connut le paludisme et les bagarres, il chercha le Sud, fuyant les conséquences d'un crime : il avait tué un certain Ranuccio Tommasoni da Terni au cours d'une échauffourée, livrant à l'éternité le nom d'un querelleur anonyme.

Il vécut à Naples, à Malte et ne comprit jamais la mer ni ne voulut la peindre. Il lui arriva de peindre sur de la toile à voiles. Le paysage lui était indifférent. Il n'aimait que les figures humaines et les peignit au tournant de leur drame : Pierre à l'instant de sa crucifixion, Paul tombant de cheval, Jean sous la main du bourreau, Abraham sur la gorge d'Isaac. L'œuvre que je préfère a disparu, détruite avec le nazisme dans le Berlin de 1945. Les tableaux aussi tombent dans des guets-apens. C'est un Matthieu massif qui écrit en hébreu les premiers mots de son Évangile, tandis qu'un ange efféminé effleure et corrige sa main. L'ange parvient à suggérer du bout des lèvres et des doigts les générations qui se succèdent tout au long des Saintes Écritures jusqu'à Jésus, greffant sur l'Ancien Testament la souche d'une autre révélation. Comme on le sait, tout le Nouveau Testament fut écrit directement en grec, sautant la langue mère des apôtres et de Jésus. Le Caravage imagina l'Évangile de Matthieu dans sa langue originelle. J'en ressens le manque. Le grec ne me rend pas la beauté évidente des paroles de Jésus dans sa langue. De plus, il s'agit d'une langue grecque en fin de civilisation.

Le tableau, comme l'hébreu de Jésus, s'est perdu. Il en reste des reproductions en noir et blanc. Je ne peux me résigner à la perte de l'original : celui de la toile et celui de la langue de Jésus.

AUX CANDÉLABRES

Avant les exterminations nazies onze millions de Juifs parlaient yiddish. Une langue écrite avec des caractères hébreux, mais de souche germanique. Aujourd'hui elle n'est plus parlée en Europe. À la seule victoire de Hitler, l'effacement d'une langue du sol d'Europe, j'oppose la petite plante vivace d'une poésie, dans l'espoir qu'elle se propage à nouveau. Je traduis un passage du poème yiddish, *À une danseuse juive*, écrit par le poète Peretz Markish, né à Vienne en 1895 et mort en Russie en 1952, lors de la vague antisémite voulue par Staline. Sur le nombre de ceux qui avaient échappé aux exterminations, on préleva un nouveau tribut de victimes parmi les Juifs après la guerre.

« Voleras-tu jamais à nouveau, toi mon exilée ? / Existe-t-il une route qui ne sache rien de ton malheur ? / Elle s'est ouverte comme un vieux livre, Brest de Lituanie [Brest-Litovsk] / et des foules accablées de deuils et de pleurs s'avancent. / À pied. Courbés. Des enfants dans les bras. / Les barbes en l'air. Leur direction suivant les étoiles. / L'exil empaqueté dans leurs ceintures autour des reins, / une seule pensée lacère les fronts de parchemin. / Près de petits bouts de lumière oscillante les bouches se réchauffent, / ils sont exposés comme les sept jours de deuil sur la terre, / et les vents hurlent : qui aura pitié d'eux ? / Et à chaque instant une étoile passe très vite, comme une épée. / Depuis le cours du Bug [fleuve] une tempête fait rage, confuse, / effaçant là toute trace de pas de ses fouets de neige : / sur les candélabres inclinés des synagogues de Bialystok / on a suspendu l'exil à côté des violons. »

À LEUR PLACE

« Le principe d'après lequel je décide, le voici : la faute est toujours certaine. » Cette phrase, prononcée par l'officier à l'adresse de l'explorateur, est extraite du récit de Kafka, *La Colonie pénitentiaire*. Elle concerne le condamné qui doit subir le supplice de la machine. Je crois que cette déclaration est à la base de notre pratique pénale, en dépit de la reconnaissance formelle de présomption d'innocence, établie par le code. Pour le magistrat enquêteur, l'inculpé est par définition coupable. La vérité n'est plus qu'une procédure démonstrative. Ce qui est en cause alors n'est pas un accident de la vie d'un malheureux, mais le débat sur la thèse de l'accusation. Toute justification est ressentie fondamentalement comme un outrage et un obstacle à l'enquête, mais de toute façon accueillie avec l'indulgence qu'on accorde aux enfants, à qui on reconnaît le droit de se défendre par le mensonge. Accuser est un métier difficile.

Il y a longtemps, dans une de ses chansons,

Fabrizio De Andrè s'adressait aux « hommes et femmes de tribunal » en leur chantant : « Si j'avais été à votre place, mais à votre place je ne veux pas y être. » Je suis d'accord, moi non plus je ne tiens pas à être à la place de celui qui accuse, ni de celui qui juge. Je préfère de beaucoup la triste part de l'inculpé. Il est possible qu'il ne soit pas totalement innocent mais, selon les statistiques de la justice d'après lesquelles un inculpé sur deux est en fin de compte acquitté, il l'est sûrement à moitié.

ANASTASIS

Dans le livre d'Ézéchiel se trouve une page éclatante sur la résurrection des morts. C'est le chapitre 37. Le prophète est saisi par une main et par un vent, et conduit dans une vallée remplie d'os desséchés. Dieu lui demande de s'adresser ainsi à ces ossements : « Et je mettrai sur vous des nerfs, je ferai croître sur vous de la chair et je vous recouvrirai de peau ; puis je mettrai en vous un vent et vous vivrez. » Et c'est ce qui se passe. Quatre vents arrivent de directions opposées, s'engouffrent dans la vallée et pénètrent dans les corps inanimés : « Voici que moi je vais ouvrir vos tombes, je vous ferai monter de vos tombes », dit Dieu explicitement. Ses paroles s'accomplissent. C'est un degré si élevé de la foi que la respiration devient difficile, on manque de souffle et de fermeté pour y réfléchir : c'est la résurrection.

Le seul échec de saint Paul a lieu à Athènes devant l'assemblée, quand il aborde le thème de la résurrection : *anastasis*. Les superstitieux

Athéniens sont effrayés rien qu'en entendant ce mot. Pour eux c'est un cauchemar de penser aux morts qui revivent et pas seulement pour eux : une bonne partie du cinéma ne nous a que trop imprégnés de la notion d'effet spécial. Notre époque a ridiculisé le vaste domaine de la terreur sacrée en voulant la représenter. Le mot enfer est aujourd'hui employé pour n'importe quel incendie ou conflit armé.

Les vers d'Ézéchiel nous entraînent plus loin. Ils annoncent une scène de déchaînement d'énergie, un vacarme de vie qui divise avec violence et inverse la nature là où elle s'est interrompue. Il est difficile de rester des fidèles sur cette page-là. Il est plus facile d'être des lecteurs qui passent légèrement sur la grandeur effrénée de la scène, à l'abri de l'espoir d'y participer.

CERF-VOLANT

« Ils ont ramené les drapeaux. Sont rentrés chez eux. Comptent leur argent. » Poète grec de ce siècle, Yannis Ritsos, a écrit aussi des poèmes d'un seul vers, comme celui-ci. Ma génération qui a eu vingt ans dans les années soixante-dix, a passé beaucoup de temps à se battre et à se heurter aux pouvoirs de l'époque. J'ai participé moi aussi à cette outrance pendant plus de dix ans, et avec moi bien d'autres, aujourd'hui dispersés, mais dont les destins se partagent grossièrement en deux catégories : les inemployables et les adaptés. Les premiers ont survécu depuis avec une égale aversion pour les trafics de conscience, la nouba et les étoiles filantes, abordage des années quatre-vingts. Les déchets toxiques d'une intransigeance publique trop prolongée ont empoisonné les rares possibilités d'insertion dans les domaines professionnel, politique et dans celui des services à rendre. Au fond, ils sont restés inemployables, un gaspillage pour les ressources humaines de ce pays. Ils ont changé d'idées, sans en faire commerce, ils n'y ont rien gagné. Le critère empirique mais efficace qui sert à évaluer les changements, de conscience ou d'intérêt, est de savoir si on y perd ou si on y gagne. À bien lire le vers de Ritsos, ils sourient. Les autres, les adaptés, s'indignent, devinant que le vers les concerne. C'est ainsi. Pour s'adapter ils ont dû se dissocier d'eux-mêmes, recouvrir leur passé d'une bonne couche de vernis. S'ils rencontraient aujourd'hui le jeune qu'ils furent, ils ne le salueraient pas. À leurs fils, qui pourtant ne tiennent pas à savoir, ils racontent que c'est par la faute des terroristes que le « mouvement » s'est étiolé. Ils appellent soixante-huit toute la décennie soixante-dix. Ils ont prospéré.

Voici un autre vers de Ritsos, cher aux inemployables et à moi : « Ton cerf-volant s'est cassé ? Garde la ficelle. »

ARTISTES

Georg Büchner (1813-1837), auteur allemand, décrivit ainsi une étrange impression et une pensée peut-être obscène : « Hier en remontant le flanc de la vallée, j'ai vu deux jeunes filles assises sur une pierre : l'une nouait sa chevelure, l'autre l'aidait ; ses cheveux d'or pendaient défaits, un visage pâle et grave, si jeune pourtant, et un costume noir, et l'autre qui s'affairait avec tant de soin [...]. On voudrait parfois être une tête de Méduse pour pouvoir changer en pierre un groupe comme celui-là et appeler les gens. » Jamais l'idée d'art n'a prétendu aussi clairement embaumer la vie, la stériliser dans son mouvement et son devenir, afin de pouvoir l'admirer derrière une vitre. Ici, la vie n'est qu'un prétexte à une jouissance esthétique, un objet d'inspiration. Ici, une hallucination la déclare subordonnée à l'art. L'avènement du moderne retire la vie de la sujétion à Dieu pour la confier à une infinité d'idoles. Peut-être est-ce un nerf du romantisme qui exalte et fixe l'instant, arrêtant sa beauté en plein vol, comme une épingle le papillon. Quelle beauté et quelle sagesse dans la pensée et l'acte forcené de Michel-Ange devant son Moïse, toute torsion et vie prête à exploser ! Le coup de marteau sur le genou de marbre, le « pourquoi ne parles-tu pas ? » entraînent l'art dans un voyage inverse, dégageant une vie perpétuelle des formes emprisonnées. Et, au coup de marteau de l'artiste, nous avons tous ressenti par réaction une sorte de choc en retour à la hauteur de la rotule.

AVOIR DE L'OREILLE

Le prophète Jérémie entend la voix divine dans un « vacarme d'eaux dans les cieux ». Élie la perçoit dans un murmure après l'avoir cherchée dans le vent d'une tempête, dans un tremblement de terre et dans le feu. Cette voix se manifestait de bien des façons, mais il fallait avoir l'ouïe fine d'un prophète. Garder le silence était une condition indispensable. C'est au moment où il se tait que la voix de Dieu fait irruption dans la vie et dans le livre de Job. Tant qu'il répond à ses interlocuteurs, Dieu reste silencieux. Mais lorsque Job cesse de répliquer au dernier d'entre eux, Elihu, alors la voix de Dieu s'élève et déferle sur 125 vers.

« Silence dans toute chair », le cri de Zacharie (2, 17) est la condition nécessaire mais non suffisante pour se mettre à l'écoute. Notre ouïe moderne a été caressée par la haute précision des chaînes stéréo, étourdie par les amplificateurs des salles de bal et par les bruits mécaniques les plus assourdissants qu'ait jamais supportés l'oreille humaine. Le silence aujourd'hui n'est qu'un trouble de l'ouïe. Dieu aurait bien du mal à obtenir une écoute, s'il le voulait, mais il ne le veut pas. Il a déjà laissé sa voix par écrit dans le livre que nous appelons la Bible. Là, avec un peu de chance et un vertige de silence, en soi plus qu'autour, chacun peut écouter le passage qui éclairera sa journée.

BILLETS

Dans son livre de récits *Au tribunal de mon père*, Isaac B. Singer parle d'un certain Moishe Blecher qui quitte sa maison du quartier juif de Varsovie pour aller s'établir en terre sainte avec sa famille. Tout le voisinage se presse autour de lui avec les recommandations les plus diverses. La plus insistante est celle d'emporter des *kvìtlac*, des petits billets avec des phrases de vœux, des prières, pour les déposer dans les interstices du Mur des lamentations à Jérusalem. Les pierres sacrées, celles de certains cimetières aussi, sont pour les juifs dévots, la poste restante du ciel. Comme nombre d'expressions hébraïques traduites d'une autre façon dans notre langue, le Mur des lamentations n'est pas appelé ainsi par ceux qui vénèrent ce lieu. En hébreu, c'est *còtel hamaaravì*[1] *(coisl hamaròvi*, dans le yiddish de Singer), qui veut dire « mur occidental ».

Elena Loewenthal, dans son récent ouvrage,

1. La translittération de l'hébreu est celle de l'auteur.

Les Juifs ces inconnus, affirme qu'il s'agit du lieu le plus saint de la tradition hébraïque car il est considéré comme l'ultime vestige du temple élevé par Salomon. Il contient aussi la pierre de fondation du monde, qui d'après cette tradition a commencé par Jérusalem. Ce n'est pas un lieu de pèlerinage, certains orthodoxes tiennent même pour blasphématoire le fait d'y accéder, il est seulement un lieu proche d'une origine. Qu'il est beau d'écrire des billets pour les confier aux pierres ! Qu'il est beau de voir un homme se balancer devant un mur tel un roseau, au vent de ses propres ancêtres !

LAMBEAUX

Sergio Quinzio publia en 1980 *Dalla gola del leone*, un petit livre de pensées d'une douleur incandescente. Le titre vient d'un vers du prophète Amos (3, 12) que je traduis : « Ainsi a parlé Yod/Dieu, comme le berger sauve de la gueule du lion deux pattes ou un bout d'oreille, ainsi seront sauvés les fils d'Israël. » Quinzio qualifie ce salut de « misérable et paradoxal ». Qu'importent à un berger ces maigres restes arrachés à grand-peine de la gueule affamée de la bête féroce ?

Son geste n'est pas vain. Il doit rapporter une preuve : la perte d'une tête de bétail qu'on lui a confiée n'est pas imputable à son incurie mais à une attaque, à laquelle il a opposé toutes ses forces. Sans cette preuve, son maître peut lui demander compte de la perte et l'en rendre débiteur. Le vers d'Amos dit qu'une grande part de la vie de chacun est dévorée par le temps sans laisser de trace. Mais celui qui s'est vu confier la vie peut arracher un lambeau au néant et montrer à son maître qu'il s'est battu pour sauver quelque chose. Pour misérable et paradoxal que soit ce reste, il est la preuve qu'il appartient à chacun de le sauver et qu'il est notre seule conquête. Il était notre résistance à la parole *hèvel* que Kohèlet emploie pour désigner le bilan de sa recherche sur la vie : « Tout est *hèvel.* » Jérôme le traduisit par *vanitas.* D'autres ont essayé des mots différents. Moi je lis dans *hèvel,* gaspillage, et face au gaspillage il y a le lambeau et le risque pris par le berger d'Amos.

CHUTES

« Et nous, avec le bonheur / qui dans notre pensée est une *ascension*, / nous aurions l'émotion, voisine de l'effroi, qui nous saisit / lorsqu'une chose qui est heureuse, *tombe*. » Ainsi se termine la dernière des dix élégies de Duino, sommet poétique de Rilke et de ce siècle. Il est difficile d'inverser l'image qu'on a du bonheur où celui-ci donne la sensation physique de s'élever, pour passer à celle d'un déclinement, partie décroissante d'une parabole. Mais je sais que l'alpiniste est heureux dans la descente et qu'il est fatigué aussi. L'intuition de Rilke sur le bonheur me fait mieux comprendre un détail des livres sacrés auquel j'avais prêté peu d'attention jusqu'ici. Le fait qu'à certains moments de la révélation les hommes qui en sont témoins s'évanouissent, tombent. Ezéchiel se retrouve à terre plus souvent que les autres, mais Abraham s'effondre lui aussi à plusieurs reprises ainsi que Moïse et Aaron, et à leur tour Bilam, Josué et David tombent une fois. La phrase hébraïque précise qu'ils font une chute la tête la première : raides, de face et, à la lettre, sans même mettre les mains en avant. Ils ne tombent pas, ils cèdent plutôt à une sensation d'écroulement et non de dévotion : en effet d'autres fois ça ne se produit pas. Ils cèdent simplement parce que leur corps ne résiste pas à l'énergie que libère la révélation.

Dans les livres sacrés, la dernière chute est celle de Shaùl ou Saul, Paul de Tarse, violemment mis à bas de sa selle et de son autorité sur le dangereux chemin de Damas. Paul en latin ou Saul en grec, ou bien Shaùl en hébreu : son nom signifie « celui qui est demandé ». À Damas, il est soigné par un chrétien du nom d'Ananie, nom hébraïque qui veut dire « Yod m'a répondu ». Sa convalescence dure trois jours de cécité et de jeûne. Bien que sa chute soit la seule qui eût des conséquences cliniques, je crois que pour lui, comme pour les autres, l'instant où il est tombé devant Dieu a été exactement cela : « lorsqu'une chose qui est heureuse, tombe ».

CAÏN

Un jour on me demanda de traduire de l'hébreu ancien les quelques vers qui concernent l'aventure criminelle de Caïn, dans le livre que nous appelons Genèse et qui se dit dans sa langue *Bereshìt* (Au début). C'était pour le compte d'une organisation internationale qui milite pour l'abolition de la peine de mort dans le monde et dont le nom est « Que nul ne touche à Caïn » (Hands off Cain). Au vers 15 du quatrième chapitre l'interdiction de Dieu d'exercer des représailles sur Caïn était évidente : « Et Yod/Dieu lui dit : "Alors quiconque tuera Caïn sera puni sept fois au double." Et Yod mit une marque sur Caïn afin que quiconque le trouverait ne le tuât point. » Il m'est donc arrivé de participer à leurs activités et d'être au courant de certains détails.

L'espèce humaine a fait preuve d'une grande fertilité d'imagination dans les méthodes d'exécutions capitales : gaz, empalement, bûcher, guillotine, électricité. Il manquait l'intraveineuse et certains États d'Amérique ont songé à y pourvoir. Le condamné est attaché sur un lit à deux bras latéraux. Dans toute l'histoire humaine c'est la machine de mort la plus comparable à la croix. Mais toute la procédure veut ressembler à une intervention médicale, chemises blanches et alcool désinfectant réglementaire sur le bras avant d'introduire l'aiguille. Le condamné n'est qu'un patient en phase terminale.

Je cite une phrase extraite d'un livre paru l'an passé (de Cliio Pizzingrilli, *Popolo della terra*, Feltrinelli) : « Il faut trouver un système pour se débarrasser des bourreaux, qui n'aurait rien à voir avec la mise à mort en vigueur, apanage des bourreaux eux-mêmes. C'est une chose qui fait réfléchir. En fin de compte c'est bien sur le moyen de se débarrasser des bourreaux que l'on achoppe. »

Oui.

CHEFS-D'ŒUVRE

Le peintre et poète anglais Dante Gabriel Rossetti (1828-1882) eut un geste que Proust qualifia de « sans noblesse mais non dépourvu de grandeur ». Il aimait un modèle, Lizzy Siddal, dont on peut encore admirer la plastique dans un tableau de Millais. À sa mort, Rossetti, très affligé, déposa dans son cercueil le manuscrit d'un de ses recueils de poèmes. Ce fut un geste de renoncement à la poésie, une amputation due à la mort de la beauté. Puis la douleur s'évanouit et le doute subsista : et si le cercueil contenait les restes de deux chefs-d'œuvre ? Cette obsession le poussa au geste qui étonna Proust : au bout de sept ans il fit ouvrir la bière pour récupérer son bien. Je ne parviens pas à voir de la grandeur dans l'exhumation de la dépouille d'un cahier. J'y vois en revanche la révocation d'un legs, accomplie sans le consentement de sa propriétaire. Elle entre dans la catégorie des vols sacrilèges et des profanations, avec la circonstance aggravante de la vanité littéraire, la plus futile du genre. Il y a certains tiroirs qu'il ne faut plus ouvrir, des pages à ensevelir et à oublier. C'est le gaspillage, la perte, qui donne de la valeur au résidu, au reste qui a survécu par grâce, distraction, hasard. Sans un peu de dissipation le poète est avare, le vers prudent et la rime craintive. J'ignore ce que Rossetti a trouvé dans le cercueil. Je veux espérer que le cahier était illisible, que la désagrégation de la vraie beauté de Lizzy a emporté avec elle le charme postiche de vers indignes de partager sa fin.

GONDS

Galilée, esprit curieux de tout, intervenait aussi en littérature. Il critiquait la *Jérusalem délivrée* car en décrivant le palais d'Armide, le Tasse parlait de portes d'argent posées sur des gonds en or. De tels mécanismes, qui ne se voient pas, sont d'ordinaire en métal résistant mais sans valeur : telle était son objection. L'artiste, on le sait, est un gaspilleur, il ne regarde pas à la dépense. Et puis, l'homme de lettres, à la différence du metteur en scène, n'a pas à compter avec un producteur. Mais le gaspillage n'avait pas échappé au savant. Celui qui fut le premier au monde à voir les cratères et les montagnes de la lune avec la longue-vue de son invention et montra que l'air avait un poids (il le tenait de Dieu, « donner du poids au vent », Job, 28, 25), exigeait même de la littérature un usage approprié des matériaux. Pour sa part, le Tasse trouvait précieux les gonds d'un portail. Peut-être avait-il écouté la phrase du Talmud qui dit : « Les gonds soutiennent la porte et les épreuves soutiennent l'homme. » Si tu es capable d'accepter les souffrances et de les supporter, en les assumant comme des gages de ta résistance et de ta consistance, alors ces peines se transformeront en gonds et seront ton soutien. Il est beau de savoir que chacun de nous finit par s'appuyer de tout son poids sur les épreuves rencontrées, pour être pesé. Elles ont pour nous la même fonction que les gonds qui soutiennent la porte. En désaccord littéraire avec Galilée, le Tasse a eu raison de les faire en or.

CARTES

Numquam ruere in ludendo : ne t'énerve pas quand tu joues. C'est le conseil de Chitarrella, légendaire maître de jeux de cartes comme le tré-sept et le *scopone.* J'ai vu jouer à la perfection des vieux si pleins de vin qu'ils ne pouvaient tenir sur leurs jambes. Mais, assis, ils étaient merveilleux, ne se trompaient jamais de carte et savaient perdre et payer à boire sans broncher. Ils savaient être au jeu. Accepte le conseil de Chitarrella et ne t'en fais pas si tu perds. On joue mal quand on s'énerve. Et puis tu ne peux l'imputer à la malchance. Il est plus probable que tu aies mal joué ou les autres mieux. Si tu es prêt à l'accepter, tu as déjà pris le pas sur certaines personnalités politiques ou autres, qui en cas de défaite s'en prennent aux complots et aux manigances. Ils n'admettent pas de passer pour des tocards.

C'est en apprenant en temps voulu à perdre au jeu qu'on acquiert, pour une bonne part, savoir-vivre et dignité dans les épreuves. Il serait utile à bien des enfants instruits par les écrans de se familiariser quelque peu avec la variété de combinaisons des cartes, où la marge entre gagner et perdre tient à rien. J'ajouterais le jeu de cartes au programme scolaire : il enseigne la discipline qui consiste à aider la chance quand elle ne sourit pas. Comme bien des gens du Sud d'autrefois, j'ai fait l'expérience utile de prendre des piquettes pendant un temps, à la table de jeu, et d'apprendre à les éviter. C'est grâce aux parents de jadis et à Chitarrella que j'ai appris à être au jeu.

COMMENTAIRES

Il est écrit que tout le peuple voyait les voix et les flammes. Telle est la nouvelle prodigieuse de l'Exode/Noms (20, 18). Comment, quel miracle leur permettait de voir les voix, plutôt que de les entendre ? Deux maîtres du Talmud proposent des explications différentes. Rav Ishmaèl dit qu'ils voyaient ce qui était visible et entendaient ce qui était audible, ils ne voyaient donc pas à proprement parler les voix. Rav Akivà s'attache à la lettre et cherche une solution sans se laisser emporter par le sens. Il dit qu'ils voyaient la parole de feu sortir de la bouche de Dieu et il cite donc le psaume 29 (verset 7) où on lit : « La voix de Yod/Dieu fait jaillir des flammes de feu. » La voix fait jaillir des flammes, on peut donc la voir, mais pas de trop près. La voix de Dieu brûle.

Rav Ishmaèl cherche l'explication raisonnable, alors que Rav Akivà se fie au sens littéral et apprend ainsi que la véritable écoute passe par les yeux. La véritable écoute est vision. Les deux savants forment un couple exemplaire de deux lectures d'histoires saintes, tout à la fois opposées et vraies. Le Talmud abonde en interprétations différentes d'un même vers qui ne s'annulent pas les unes les autres. Car la révélation ne s'interrompt jamais, elle offre des découvertes nouvelles même au dernier de ses lecteurs. Lui aussi peut ajouter sa petite lumière au vers qu'il lui a été donné de rencontrer. C'est son héritage et lui est l'héritage de ce vers. Il ajoute son commentaire à l'infinie rédaction, sans prétendre y apporter sa connaissance, mais en témoignage de sa propre reconnaissance.

DEVOIRS

Les dix commandements sont donnés au masculin. Ils furent écrits dans la langue hébraïque, pauvre par définition car son vocabulaire est moins riche que d'autres, mais qui se permet le luxe de distinguer le masculin du féminin à l'intérieur du verbe et du pronom. Alors *lo tirtzàh*, tu ne tueras pas, s'adresse à un homme (à une femme, ce serait *lo tirtzahì*). Il est impossible que les femmes en soient exemptées, mais je n'ai pas trouvé d'explication définitive. J'en ai extrait une de l'intérieur, dans une coïncidence de l'hébreu lui-même. Mâle se dit *zacàr,* et *zacàr* (avec le deuxième *a* bref) est une forme du verbe se souvenir. Mâle et souvenir ont la même racine. Dieu n'a peut-être alors employé le masculin que pour lui confier la charge du souvenir, être l'arbre de transmission de sa loi pour les générations. À la femme incombe la tâche de les engendrer, de les porter dans son sein.

La femme assumait la direction de la descendance : Sarah, stérile, décide de donner son esclave à Abraham et celui-ci ne peut refuser. Il arrive la même chose à Jacob avec Léa, Rachel et leurs esclaves. L'homme se réservait le devoir, plus aisé, de transmettre à ses fils les paroles de l'Écriture. Ainsi Dieu échange avec l'homme un « tu » masculin : car ce pronom contient la limite de la rencontre avec l'espèce de l'Adàm. Il accepte la frontière d'une langue commune, où son immensité se contracte, s'enferme pour faire place au monde. Le genre de sa limite est le masculin. Il ne s'agit que d'une hypothèse personnelle sur l'emploi du « tu » masculin dans le décalogue. Et c'était une époque où les sexes ne jouaient pas à échanger leurs vêtements.

FRONTIÈRES

Le psaume 78 parle de Dieu qui guide Israël dans le désert : « Et il les conduisit à sa frontière sacrée » (vers 54). Il nous apprend que la rencontre entre les deux protagonistes de l'Ancien Testament n'a pas lieu dans un beau centre, mais à l'extrémité d'un territoire, à une frontière. Ils se rencontrent dans l'esclavage d'Égypte, puis l'échange de la Loi se fait dans la profondeur du désert. Ils se rencontrent à une frontière commune, où Dieu se rend lui aussi, car l'homme est sa limite volontaire, sa variable dans la création, la seule exposée à choisir entre le bien et le mal. Même la langue hébraïque, langue de leur contact, est une frontière établie entre eux.

Des hommes sans foi ont également eu besoin d'immensité, de l'effleurer, isolés du reste du monde. Des alpinistes, des grimpeurs qui ont ouvert des voies sur les parois les plus abruptes et les plus reculées de la terre, ont expérimenté le gaspillage insensé de la vie et la limite de leurs ressources, dans leur tentative d'équilibre entre l'hostilité de la nature et eux-mêmes. On ne doit jamais dire qu'ils ont gagné : dans la nature la créature humaine ne se voit consentir qu'un équilibre provisoire, aventureux, entre risque et hostilité. Ils ont connu le furieux désir de l'entreprise et le vide, pas le triomphe, que donne l'accomplissement. Ils n'ont fait que la moitié du voyage, sans savoir si cette frontière appartenait au Dieu du psaume, si une rencontre se passait là, si la frontière était sainte. C'est peut-être d'eux que parle la seconde moitié du vers 54 où il est dit : « cette montagne que sa droite a acquise. »

COPIE

J'écrivis une lettre de solidarité à un camarade arrêté au cours d'une manifestation à Rome dans les années soixante-dix. Je l'envoyai à Rebibbia, mais j'appris qu'il se trouvait en fait à Regina Coeli. Craignant que ma première lettre ne se soit égarée, je lui en écrivis une seconde, presque identique car je me rappelais ce que je venais de lui écrire. Il les reçut toutes les deux. Il fut si déçu par leur similitude qu'il me reprocha d'avoir une lettre cliché pour détenus que je leur envoyais à tous. J'en éprouvai bêtement une honte extrême, mais utile : plus jamais je n'ai répété la même phrase. La deuxième lettre, la répétition, n'était pas seulement de l'avarice, mais discréditait la première.

J'ai appris ensuite qu'il se passait l'inverse pour un texte des Saintes Écritures hébraïques. Si une communauté s'en trouvait démunie, elle ne pouvait avoir recours à la mémoire, fût-elle prodigieuse, de quelqu'un qui le réciterait par cœur. La seule validité reconnue était la retranscription à partir d'un autre texte. Cette coutume est la plus sévère méfiance envers la mémoire et notre prétention de l'utiliser à des fins conservatrices. Cette règle met définitivement hors la loi la tradition orale. Maintenant je comprends mieux ce qui m'est arrivé : les deux lettres auraient dû être identiques, l'une copiée sur l'autre. La reconstitution mentale avait au contraire gâté irréparablement mon intention. Seule la plus fidèle réplique, le calque le plus parfait aurait montré ma volonté de l'atteindre n'importe où.

CORDES

« Revenez à la place forte, vous, captifs de l'espérance », est-il écrit dans Zacharie (9, 12) comme annonce de salut. Le mot hébraïque espérance est *tikvà,* qui veut aussi dire « corde ». « Revenez à la place forte, vous, captifs de la corde » est une traduction possible du vers, qui évoquerait ainsi l'image d'une libération de détenus délivrés matériellement de leurs liens. L'hébreu part toujours des choses concrètes. Ce n'est qu'à force d'utiliser une corde dans le langage qu'elle devient aussi une espérance. Il est beau que l'espérance ait l'âme d'une corde. Elle tire, attache, fait des nœuds, peut se rompre. Lorsque Rachel pleure ses fils à Rama et refuse toute consolation (Jérémie 31, 15), Dieu lui parle en ces termes : « Retiens ta voix de pleurer et tes yeux de verser des larmes, car ton action aura sa récompense, dit Yod/Dieu, et on reviendra du pays de l'ennemi. Il y a une corde [espérance] pour ta descendance, dit Yod/Dieu, et tes fils reviendront à leur frontière. » Une longue corde accompagne les déportés en exil et une corde les ramènera chez eux, se rembobinant sans se casser.

Quand Virgile écrit dans *l'Énéide* (11, 309) : *spes sibi quisque*, « que chacun soit sa propre espérance », il exclut les cordes et les secours. C'est une recommandation qui convient à un alpiniste engagé dans une course en solitaire. Le mot *tikvà* contient au contraire l'idée d'être lié à quelqu'un ou à quelque chose qui ne laisse pas seuls. L'espérance ne montre pas toujours sa fibre de chanvre retors, résistant. Mais il est beau de savoir qu'elle a cette ténacité d'origine. J'aime la langue qui me l'a enseigné.

CRÉDIT

Heinrich Heine (1797-1856), l'écrivain allemand à l'ironie si prompte, parle dans son délicieux livre, *Idées*, de l'époque où, jeune, il apprenait le français. Parmi toutes les conditions indispensables, à part la mémoire, il y avait celle de ne pas être une *Bete* (betterave en allemand, bête en français) allemande. Un jour, son maître lui demanda six fois de suite comment on disait *Glaube*, foi, en français. Et six fois de suite, d'une voix brisée par les larmes, le jeune Heine répondit : « *le crédit* ». À la septième, le maître, rouge comme un coq, s'écria : « On dit *religion* ». Et il fit pleuvoir des coups sur son dos sous les ricanements de la classe. En conclusion, Heine dit que lorsqu'il entend ce mot-là, ses joues s'empourprent et un frisson de terreur parcourt son échine.

L'erreur quelque peu comique de l'écrivain a pu être contagieuse. Certains considèrent leur religion comme un crédit acquis en haut, obtenu au guichet de Dieu, auquel ils se rendent régulièrement pour solliciter quelque chose. Comme les requêtes sont abondantes, ils se rendent dans les nombreuses chapelles des saints munis d'une liste de demandes de grâces qui vont de la note en classe à l'emploi, de la fortune en amour au succès sportif. Cela tient plutôt du crédit que de la religion. Je ne m'y connais pas, mais prier ne devrait être qu'une façon de s'adresser à Dieu, sans rien demander. « Car Dieu votre Père sait de quoi vous avez besoin, avant même que vous le lui demandiez », selon Matthieu (6, 8). C'est ce que dit Jésus lorsqu'il enseigne comment prier et réciter pour la première fois le Notre Père. Le guichet sait déjà.

COUTURES

Un tailleur juif fut chargé par un noble de sa ville de coudre une rare pièce de vêtement dans un précieux tissu acheté à Paris. Le noble lui recommanda de réaliser un chef-d'œuvre. Le tailleur sourit et répondit qu'il n'avait pas besoin d'encouragements car il était le meilleur de la région. Son travail une fois terminé, il porta le vêtement à son illustre client, mais en échange il ne reçut que des injures et se vit accusé d'avoir gâché le tissu. Le tailleur déconcerté et humilié alla demander conseil au roi reb Yeraḥmiel qui lui dit à peu près ceci : « Défais toutes les coutures du vêtement, puis refais-les exactement dans les mêmes points qu'avant. Ensuite rapporte-le lui. » Le tailleur suivit l'étrange conseil et rapporta le vêtement au noble. À sa grande surprise, le seigneur parut enthousiasmé par le travail et ajouta même une prime à son salaire.

Reb Yeraḥmiel lui expliqua ensuite ceci : « La première fois tu avais cousu avec arrogance et l'arrogance n'a pas grâce. C'est pourquoi tu as été repoussé. La seconde fois tu as cousu avec humilité et le vêtement a pris toute sa valeur. » L'intention est primordiale, plus que l'habileté, l'inspiration plus importante que la maîtrise, même dans les travaux humbles. Dans le livre des Saintes Écritures, L'Exode/Noms, Dieu, par l'intermédiaire de Moïse, confie à l'excellent artisan Betzalèl l'exécution de nombreuses tâches nécessaires au culte. Mais auparavant : « Il l'a rempli, de vent d'Elohìm : en sagesse, en intelligence, en science pour toute sorte d'ouvrages » (35, 31). L'habileté technique à elle seule est stérile, vaine.

Pour celui qui est habitué à ne considérer que le produit fini et non la façon dont on le travaille, pour celui qui juge l'œuvre et non l'intention, ce récit est vain.

CŒURS

« Soyez moins suave ou bien rendez mon cœur plus grand. » La phrase vient de l'extase de sainte Catherine s'adressant à Jésus. Les plus ardentes phrases d'amour n'ont pas été écrites par les poètes, mais par les mystiques, par ceux dont la ferveur ne se concentrait sur aucun objet terrestre. Les saints et plus encore les saintes ont écrit des délires d'adoration qu'aucun amoureux n'a jamais pu frôler. Dans ces cas-là, l'être humain fait preuve de ressources d'énergie spirituelle qui dominent la matière et réduisent le corps à une sorte de lest, un appendice inerte. Le cœur sent qu'il ne peut contenir cette crue, car au fond il n'est qu'une simple vessie. Nous tombons amoureux avec un degré d'intensité bien inférieur à celui de cette extase, mais avec un même sentiment d'incapacité à contenir dans notre poitrine l'énormité de l'émotion. Le monde environnant se contracte et disparaît, tandis qu'espace et temps s'ordonnent dans une seule direction, en vue du bien-aimé. C'est l'extase fébrile des enlacements, la tête qui bourdonne comme un essaim autour de la reine des abeilles, pour la protéger. Mais aucun amoureux ne demande à son propre amour d'être moins suave, aucun n'a la parfaite modestie de sentir son indignité, son insuffisance, et d'invoquer le secours d'une douceur. C'est alors au cœur, grâce à sa vertu élastique, de s'élargir, pour ne pas éclater sous le gonflement de la félicité. Catherine, plus que tout autre amoureux, sait que cette dilatation cardiaque vient d'un don de Dieu, de son intervention non chirurgicale décrite au psaume 119 (vers 32) : « quand tu dilates mon cœur ».

DROIT D'AUTEUR

« Les serrements de main, les accolades crispées, les spasmes des sanglots : tout un fourmillement de gestes tantôt d'abandon, tantôt d'invite à la fermeté. C'était toute une armée de muscles qui se contractaient pour se laisser aller ensuite en quête d'une seule vérification : nous sommes vivants, n'est-ce pas ? Nous sommes bien ancrés dans la vie ? » J'écrivis cette scène, il y a bien des années, à propos de la mort d'une personne chère. J'étais jeune alors et il me semblait avoir découvert quelque chose, en avoir été l'initiateur en l'écrivant. Aujourd'hui je sais que personne n'invente rien, tout a été écrit et celui qui écrit n'a plus que la marge d'une variation. Nous sommes des rédacteurs de variantes, plus jamais des auteurs.

Cette scène de mon récit, Gorki l'avait déjà écrite, et beaucoup mieux bien sûr, dans *Jeunesse tourmentée*, comme je le découvris par la suite au hasard d'une de mes lectures. Dans la chambre du mort s'élève un cri de douleur et chacun peut enfin crier à son tour librement : « C'étaient des êtres pleins de vie et heureux de se le dire mutuellement par ces hurlements, ces cris hystériques à s'écorcher la gorge : mélopée séculaire dont seuls les paysans russes connaissent l'art singulier et prenant. » Aujourd'hui je crois que Gorki n'a pas été non plus le premier à décrire la sensation de vitalité contenue dans la douleur des deuils : il n'a fait qu'ajouter sa propre ramification à un thème universel. La mort confirme la vie et une part de la douleur tient au fait de ressentir intérieurement une si puissante et bestiale réaction de vitalité face à la perte d'une personne chère.

Le droit d'auteur se fonde sur une présomption de primeur et d'originalité, et sur la curieuse prétention de croire qu'on peut décerner un brevet aux histoires.

DISTANCES

« Dans l'art du kendo la distance entre les adversaires a une importance décisive et même dans le karaté il existe une subtile division entre son propre espace et celui de l'adversaire. » C'est ce qu'écrivait Yukio Mishima dans son *Introduction à la philosophie de l'action* quelques mois avant de se suicider. Il ajoutait : « Deviner l'instant où finit son propre espace et où commence celui de l'adversaire a une importance vitale. » L'exercice de la lutte, plus que l'amour, met en mesure d'apprécier les distances et de les respecter. Plus que l'amour qui parfois adopte le vocabulaire de la bagarre (« je l'ai saisi et ne le lâcherai point », dit l'aimée dans *le Cantique des cantiques*, 3, 4), la lutte enseigne que toute approche est violation de l'espace d'autrui. Il est faux de dire que l'air est à tout le monde. Chacun se meut à l'intérieur d'une petite colonne d'air. Elle est élastique, se réduit parfois à rien comme dans un autobus aux heures de pointe, comme dans une des cellules de nos pénitenciers, mais nul ne voudrait y renoncer complètement. La frontière de chacun de nous n'est pas seulement le périmètre du corps, mais aussi un peu d'air tout autour.

Il y a une autre distance à conserver : celle entre soi et le ciel que le croyant veut réduire par le « tu » des rites et des prières. Dieu est un lieu, un de ses noms en hébreu est justement *Makòm* (lieu) : il peut donc être rejoint et rejoindre. Pour apprendre à connaître l'espace entre créature et créateur, la lutte ne suffit plus. Il faut un art vertical, il se nomme religion et il est gouverné par l'amour.

DIVISIONS

« Et nous serons séparés moi et ton peuple de tout le peuple qui est sur les faces de la terre » : Moïse proclame ainsi le destin qui séparera Israël du reste du monde (Exode/Noms, 33, 16). Dans tout ce livre plein d'aventures, il n'y a pas un mot qui souligne le choix de Dieu pour Israël, aucune « élection ». Le sens est encore plus clair dans ce livre que nous appelons Lévitique (20, 24) : « Je vous ai divisés d'avec les autres peuples », dit Dieu utilisant un verbe qui sépare deux parties. La notion de peuple « élu » ne vient que plus tard, dans des livres suivants comme le Deutéronome, dans certains psaumes, chez certains prophètes.

Le Talmud raconte une histoire différente : Dieu veut donner sa Torah aux peuples, il l'offre à chacun d'eux et tous refusent. À la fin il ne reste qu'Israël, le plus petit, qui vit en Égypte, en esclavage. Lui seul accepte. Le Talmud raconte cette élection à l'envers. Moni Ovadia, chanteur bien-aimé et acteur de tradition yiddish, raconte la variante comique de l'offre de Dieu au dernier des peuples, Israël. Soupçonneux, Israël aurait demandé à Dieu : « Mais combien ça coûte ? ». « Rien », répond Dieu. « Alors, donne-m'en deux. »

C'est peut-être ce qui s'est passé, Dieu n'avait pas le choix et Israël non plus. Le concours avait été un échec. Lorsqu'on parle avec une légère lassitude d'Israël comme peuple « élu », on pourrait rappeler que, contrairement à l'usage courant du terme, les Juifs ne s'étaient pas portés candidats et rappeler qu'en mathématique aussi, et pas seulement dans l'Histoire Sainte, il existe un principe dit de « choix restreint », fondé sur le manque absolu d'alternatives.

DON ALFREDO

Depuis quarante-deux ans, don Alfredo est le curé du village de Casumaro[1]. Il fait partie de ceux qui ne restent pas enfermés dans leur cure, mais qui débordent au contraire d'une activité rayonnante. On se connaît depuis quelques années, car il se rend lui aussi parfois en Bosnie avec l'aide alimentaire des volontaires de Finale Emilia. Il a toujours quelque chose à me raconter. Un homme était venu le trouver à l'église pour lui parler de problèmes familiaux. Il avait parlé si longtemps que, l'heure de la messe étant arrivée, don Alfredo avait dû le congédier en s'excusant. Il lui avait fait promettre de revenir, mais l'homme ne s'était plus manifesté. Quelques jours plus tard, sa femme qu'il avait croisée à bicyclette l'avait pourtant remercié de ses conseils. Don Alfredo ne se souvenait même pas d'avoir ouvert la bouche. Au bout de quelque temps, ce même homme revint à l'église et voulut le remercier

1. Village de la région Émilie-Romagne.

en lui expliquant que les choses s'étaient arrangées en famille « grâce à ses conseils ». Mais enfin lesquels ? pensait don Alfredo. Il finit par comprendre. Tout son conseil avait été d'écouter. Cet homme avait besoin de parler pour démêler l'écheveau de ses problèmes. Il avait trouvé la solution tout seul, mais l'avait attribuée à don Alfredo, à ses « conseils ». Il en sourit en me racontant l'histoire qui me porte à croire qu'une écoute attentive vaut tout autant qu'un bon conseil. La prière hébraïque la plus importante est *Écoute, Israël*, mots du début. L'écoute est la condition de la prière, celui qui prête attention aux problèmes des autres ne prend pas sur son temps de prière, au contraire il est en train de la dire. Mais l'écoute a encore plus de prix si c'est celle de don Alfredo de Casumaro.

ME VOICI

Mir zainen do (Nous sommes ici) est un chant yiddish des partisans du ghetto de Vilna, en Lituanie. Nous sommes ici : il y a des moments où toutes les fibres effilochées d'un peuple se raniment et retrouvent une nouvelle consistance dans la résistance à l'oppression. Elle commence toujours par une sorte de « nous voici ». Abraham prononce le sien, quand Dieu l'appelle pour l'envoyer sur le mont Moria lui sacrifier son fils Isaac. À Dieu qui l'appelle, il répond : *hinnèni*, « me voici ». Il dit à nouveau ce mot courageux à son fils qui lui pose la terrible question : « Où est l'agneau pour l'holocauste ? » Le dernier des « me voici », il le dira dans un souffle quand l'ange l'appellera deux fois par son nom pour arrêter sa main armée au-dessus de la gorge de son fils. Ce mot, il ne l'avait jamais prononcé avant l'épreuve de l'obéissance demandée par Dieu, et il ne le dira plus.

Il est bon de savoir que même Yod/Dieu peut dire son *hinnèni* à la créature qui l'appelle.

C'est Isaïe qui nous l'annonce (58, 9) : « Alors tu appelleras et Yod répondra. Tu crieras et il dira : “me voici” ». « Me voici » est l'expression des moments de vérité, lorsqu'on est appelé à répondre de soi. C'est le pas en avant, le déclic qui fait sortir des rangs et expose au danger. Ce sont les mots les plus beaux que l'on puisse prononcer dans ces moments-là, une façon de se déclarer prêt, même si on ne l'est pas tout à fait. Avant de s'en servir, il faudrait s'entraîner à les méditer plus souvent. Bonne chance à qui devra dire aujourd'hui son difficile « me voici ».

ÉMIGRANTS

Notre langue est une petite langue qui officiellement n'est parlée que par nous et par un faible contingent de Suisses. Nous ne l'avons pas défendue quand nos émigrants cherchaient en terre d'exil un moyen d'échapper à la misère. Nous n'avons pas contribué à sa sauvegarde là où ils étaient. Sur des millions d'émigrants, pas un seul ne fut écrivain en langue italienne, pas plus les fils que les fils des fils. Aujourd'hui, nous n'aidons pas les étrangers à la posséder chez nous, nous empêchons certains d'entre eux d'arriver à l'aimer au point d'écrire en elle et de nous offrir de la littérature italienne. Emanuel Carnevali (1897-1942) fut un de nos compatriotes qui tenta sa chance en Amérique au début du siècle. Son destin d'écrivain n'est qu'un exemple de ce que nous avons perdu. Il écrivit en anglais et c'est avec un certain embarras que je traduis ici un de ses poèmes de 1920. Ce sont des vers d'un Italien qu'un autre Italien doit lire dans une autre langue.

« Qu'elles passent le peigne dans leurs cheveux / les grotesques employées de magasin / suivant quelque mode ridicule. / Qu'elles peignent leurs lèvres / dans un cri rouge. / Qu'elles poudrent leurs visages à sec. / Moi je pense à elles / devant leurs miroirs / qui tentent de faire un poème. »

Notre langue a raté les grandes occasions de s'élever que ce siècle de douleur lui offrait. Pour nous faire entendre dans le monde, nous avons dû devenir de maladroits polyglottes. Emanuel Carnevali eut la chance d'être accueilli dans une autre terre et dans une autre langue. Il rencontra un certain succès dans un pays exigeant. Son nom est celui d'un de nos gaspillages.

DISTRIBUTIONS

Dans un essai d'Hannah Arendt, *Le Pêcheur de perles*, je trouve quelques notes sur Walter Benjamin, écrivain juif allemand qui se suicida en 1940. Avant son exil de l'Allemagne hitlérienne, en 1933, il collectionnait les livres. Plus tard il devint collectionneur de phrases, recueillant celles qui lui semblaient dignes d'être retenues, les prenant même dans les journaux. Il pensait écrire un livre uniquement fait de citations, dont le sens serait donné par leur association, la valeur de l'auteur relevant du montage. Dans son ouvrage sur le drame baroque il avait utilisé plus de six cents citations. Ce petit livre *Alzaia*, qui entasse des phrases lues et y accroche un commentaire, est guidé par la même intuition.

De l'énorme matériel accumulé au fil de ses lectures, j'extrais un détail qu'il avait relevé dans un journal de Vienne durant l'été 1939. La société de gaz locale avait suspendu sa distribution aux usagers juifs. « La consommation de gaz de la population juive était une source de pertes pour la compagnie car la plupart des consommateurs ne s'acquittaient pas de leur dû. Les Juifs utilisaient le gaz pour se suicider. » Vienne était une ville nazie depuis le mois de mars 1938. Les lois raciales multipliaient les restrictions. Le gaz de ville était trop précieux pour une clientèle qui en faisait un usage impropre, négligeant par-dessus le marché de payer ses factures. Pour eux, se préparaient de nouvelles et plus efficaces distributions de gaz.

EXÉCUTIONS

Je lis en note un passage que Thomas Mann avait écarté de la rédaction définitive de son *Docteur Faustus* : « Il y a en réalité des musiques qui n'envisagent pas du tout l'exécution, qui même l'excluent tout à fait. C'est le cas d'un canon à six voix de J.S. Bach où le maître développa une idée de Frédéric le Grand. Ce morceau n'est destiné ni à la voix humaine ni à quelque autre instrument, ni à une forme quelconque d'exécution, c'est de la musique pure, de la musique abstraite. » Certaines tombes des pharaons montrent des écritures qui à l'évidence ne sont pas là pour être lues. Certaines œuvres humaines sont faites pour ne pas être exposées, dénuées de toute valeur d'usage ou d'échange. Il nous semble absurde de composer de la musique qui ne peut qu'être lue. Mais c'est aussi un luxe que l'artiste ne s'offre que rarement. En revanche, en politique, la composition de programmes pleins de sagesse, mais qui ne sont pas là pour être mis en pratique, n'a rien de surprenant. Ils ne sont qu'une allusion à un style, comme certains modèles de haute couture qui servent de vitrine mais ne sont pas en vente. Et pourtant il ne s'agit pas de promesses difficiles, techniquement inexécutables comme l'œuvre de Bach dont parle Mann. C'est que la politique jouit du droit au mensonge qui n'est même plus accordé aujourd'hui aux enfants. Ainsi ne nous paraissent nullement absurdes les si nombreuses intentions publiques « qui n'envisagent pas du tout l'exécution, qui même l'excluent tout à fait ».

EXPÉDIENT

Une colle à poser aux amis : que s'est-il passé entre le 4 et le 15 octobre 1582 ? Toutes les réponses seront fausses, car il ne s'est rien passé. En application de la réforme du calendrier grégorien, on passa du jeudi 4 octobre au vendredi 15, en sautant les jours intermédiaires. Avec un certain retard, l'Angleterre elle aussi adopta la réforme et le Parlement décida que le 2 septembre 1752 serait suivi du 14. Faire disparaître des bouts de calendrier donne l'ivresse de maîtriser le temps : mais on le suivait, plus exactement. Le temps était allé plus vite que le calendrier julien et il fallait le rattraper. Des physiciens de Cambridge se sont inspirés du « temps » dans cette boutade : ce n'est qu'un expédient pour éviter que les événements n'arrivent tous ensemble. Je n'ai pas encore d'idée précise sur la question. Certes, le fait qu'on vieillisse prouve que la vie a un sens, mais c'est un sens analogue à celui de la terre dans sa rotation, sans avant ni après. Moscou ne vient pas « avant » Paris. Dans les écritures hébraïques *kèdem* signifie « orient » et aussi « avant » : l'adverbe de lieu prête son point cardinal au temps.

De retour d'un voyage en Bosnie, en remontant le long de la côte, avec mon camion vide, j'avais à ma droite une jeune fille et à ma gauche le soleil qui descendait sur l'île de Rab. La jeune fille se tourne vers moi, mais pour regarder plus loin, le soleil, et brusquement, à voix basse, elle se met à compter : « un, deux, trois… » Elle s'arrête à quatorze. Je lui demande si tout va bien. « J'ai compté le coucher de soleil, depuis le moment où il touche le bord de l'île jusqu'à celui où il disparaît derrière. » Je ne connaissais pas cette coutume. J'ai finalement obtenu une certitude sur le temps : c'est un système pour compter les couchers de soleil et ne plus les oublier.

EX-VOTO

En passant boulevard Trastevere devant l'oratoire de la Madone, j'ai lu les ex-voto qui lui sont dédiés. L'un d'entre eux, gravé en noir sur du marbre, déclare : « Tu m'as pourvu contre toute espérance. » À la première lecture je comprends : bien qu'il ne me fût donné aucune espérance (de guérison peut-être) tu m'as pourvu d'un secours miraculeux.

Mais ensuite j'ai cru y voir un autre sens : tu m'as affranchi de toute espérance, tu m'as préservé de l'effort d'un salut à chercher, tu m'as donné la paix d'accepter ma condition. « Tu m'as pourvu contre toute espérance » : contre le tourment d'espérer. Mais peut-on vivre sans ou contre et en éprouver même du soulagement ? Un hexamètre de *l'Énéide* de Virgile, étudié au lycée, me convainquit alors par sa seule force qu'en poésie c'est une composante de la vérité. *Una salus victis : nullam sperare salutem,* un seul salut pour les vaincus : n'espérer aucun salut. Voilà ce que dit Énée lorsqu'il raconte comment il échappa à la destruction de Troie. C'est le courage de celui qui, abandonnant tout espoir, se lance dans la mêlée, l'esprit dégagé de toute idée de futur. L'insurrection des derniers Juifs du ghetto de Varsovie peut bien illustrer cette condition. Il y a des moments où les vaincus font l'expérience d'une terrible paix intérieure au plus fort du danger. Pour la grâce reçue de ne plus espérer.

PORTEURS

« On voit surgir au milieu de nous des garçons comme lui, d'une espèce inconnue des générations précédentes et qui sont le résultat des manières de voir nouvelles. Ils sentent toutes les terreurs de la vie avant d'être assez âgés pour avoir la force de leur résister. » Par ces mots, le protagoniste du roman de Thomas Hardy, *Jude l'obscur*, tente d'expliquer le suicide de son fils. Cette phrase est pour moi un enseignement sur la déroute intérieure de bien des jeunes que j'ai connus et qui se penchaient vers leur mort, à bout d'exaspération. Ils n'étaient pas faibles, ils étaient au contraire exposés et enclins à ressentir le mal environnant, ils étaient des éponges de la souffrance d'autrui.

C'est Isaïe qui le dit mieux que tous : « Pourtant ce sont nos maladies qu'il a portées, c'est de nos douleurs qu'il s'est chargé » (53, 4). Le verbe par lequel « lui » porte sur son dos le mal des autres est dans sa langue *sabbàl*, mot des manœuvres qui refont le mur de Jérusalem

(Néhémie 4, 4). C'est un verbe de force et de travail. Ces jeunes que j'ai connus et qui se sont suicidés étaient porteurs aussi de ma douleur. Ils ont fléchi sous un poids invisible, se sont tus par désespoir de parler, pour épargner leurs forces, puis sont tombés. Pour ma seule consolation, et non la leur car ils n'en ont plus besoin, je lis encore Isaïe s'adressant aux porteurs de douleurs : « Grâce à son souffle haletant il verra et sera comblé dans la connaissance. » Sous l'effort qui coupe la respiration leurs yeux ne se sont pas fermés, mais ils ont vu, et ce qu'ils ont vu a du moins apaisé leur soif de connaissance. Les textes de Qumràn ajoutent à « il verra » le mot « lumière ». Mais je préfère que lui, le porteur de douleurs, voie : même sans lumière.

FARCES

Les pièces en un acte du théâtre dialectal d'Eduardo De Filippo sont faites pour rire, à peine plus qu'une farce. Mais de temps en temps, dans l'une ou l'autre, l'auteur glisse un peu d'art, d'écriture pure, de réflexion. *Philosophiquement* est le titre d'une pièce en un acte écrite en 1928. Afin de marier sa fille, un employé s'engage dans des dépenses pour organiser des réceptions et inviter des jeunes gens chez lui. L'un d'eux, Arturo, est presque aveugle, rôle qui depuis toujours se prête à l'équivoque et qui est exploité de façon comique dans les premières scènes. Mais ensuite Eduardo lui fait dire ces mots que je traduis du dialecte : « Comment puis-je tomber amoureux d'une femme si je ne la vois pas ? D'autres à ma place le prendraient mal, moi au contraire je suis content parce que ne voyant rien, je ne désire rien. Vous, par exemple, quand vous voyez un bel objet dans un magasin, vous vous emballez, vous en avez envie et si vous ne pouvez l'acheter, vous en êtes tout contrariés. En revanche, moi je n'ai pas cette déception, car, ne le voyant pas, je n'en ai pas envie. Savez-vous quand se situe le moment le plus délicat pour moi ? C'est la nuit, car la nuit, quand je dors, j'y vois. Et alors je vois les rues, la lumière, une personne chère. En somme, quand je dors je fais comme si j'étais éveillé et quand je m'éveille le matin je fais comme si je dormais. » Eduardo rompt ici avec le trot régulier de la farce, qui prévoit des répliques brèves, vives, du tac au tac. Il accorde au malheureux Arturo une belle tirade, un galop intense, un air hagard. Pendant un moment, le demi-sourire du public se fige sur les visages et une soudaine tendresse, une pure sympathie, dédommage l'aveugle des rires précédents.

Le masque du personnage caricatural craque alors et c'est le visage d'une personne vraie qui apparaît au-dessous.

FUITE (FUGUE)

Fuga est un terme que l'on utilise à la guerre comme en musique. Dans les deux cas c'est un art. En Chine, de nombreux traités de stratégie militaire ont fleuri au cours des millénaires. L'un d'eux, *Les Trente-six stratagèmes*[1], remonte à la dynastie Ming (1368-1644). La dernière ressource d'un stratège, pour certains la plus importante, est la fuite. Dans l'ordre des stratagèmes décrits par le petit traité, elle est justement placée à la fin. Il y est question d'un général qui doit organiser la retraite d'une position qu'il ne peut plus défendre. Il fait attacher des chèvres par les pattes antérieures et les fait suspendre au-dessus des tambours. Dans cette posture incommode les pauvres bêtes agitent leurs pattes postérieures, faisant ainsi un vacarme tel qu'il permet de couvrir la retraite. L'ennemi s'aperçoit trop tard qu'il n'a devant lui que des chèvres exténuées.

En grande majorité, les jeunes considèrent la

1. Éditions Rivages Paris, 1995.

fuite comme un déshonneur, une lâcheté. Mais le plus grand stratège de ce siècle, Mao Zedong, conduisit son armée dans la plus spectaculaire et la plus longue retraite de toute l'histoire militaire. Pendant deux ans (1934-1935) l'armée communiste effectua un monumental repli de plus de douze mille kilomètres pour échapper à l'encerclement. Et puis ce fut la victoire. Il est utile de savoir que la fuite est un art qui est exécuté froidement et par surprise, exactement comme une attaque : seule différence, sa direction opposée. Conserver ses forces permet d'attaquer le lendemain. « L'homme qui fuit peut combattre à nouveau », enseigne Démosthène.

ROUBLARDS

« Je suis affligé par les méthodes de la publicité moderne. Quelle que soit la démonstration faite de l'esprit d'initiative, de l'imagination, de l'impudence même et des ressources de certains individus, elle témoigne surtout à mes yeux de la grande prépondérance de cette forme de dégradation mentale que l'on nomme crédulité. » La crédulité est une dégradation mentale, écrivait le grand Conrad dans un de ses récits en 1905, réalisant très tôt combien il était facile d'ébranler la prétendue faculté de raisonner des modernes. On entamait un siècle qui, en totale contradiction avec les grands progrès de la raison technique, donnait des signes de faiblesse et de régression mentale vers de nouvelles formes de crédulité. Les gens se laissaient prendre aux premières manifestations agressives de la publicité, aux boniments des camelots. Ce n'était rien encore, ce n'était encore et seulement qu'un renforcement de l'habileté mercantile, depuis toujours aboyeuse d'exagérations sur les comptoirs de vente.

Ce n'était encore rien par rapport à notre époque d'horoscopes, d'amulettes, de sortilèges, de magiciens, de cartomanciens, d'entremetteurs des défunts, de lecteurs de mains ou de marcs de café et de toute la kyrielle de roublards qui dans tous les domaines, politique comprise, gagne son crédit par le « à moi les yeux »[1] de la télévision. Ceux qui cessent de croire aux grandes choses, s'appuyant solidement sur la raison, vivent une étrange aventure : ils deviennent crédules devant des futilités.

1. En Italie, phrase rituelle prononcée par les prestidigitateurs avant d'exécuter leur numéro.

GÉNÉRATIONS

Dans *Le Monde d'hier,* Stefan Zweig (1881-1942) écrit : « Chaque fois qu'au cours d'une conversation je rapporte à des amis plus jeunes des épisodes de l'époque antérieure à la Première Guerre, je remarque à leurs questions étonnées combien ce qui est encore pour moi la plus évidente des réalités est devenu pour eux historique et incompréhensible. » Les deux adjectifs vont bien ensemble. C'est ce qui m'arrive à moi aussi quand je discute des années soixante-dix avec ceux qui n'étaient alors que des enfants. Mes connaissances de cette époque sont déjà devenues historiques et incompréhensibles. Il n'en était pas de même pour nous face à la génération de nos pères. Leurs histoires, la guerre, l'occupation allemande puis américaine, les formations de résistants, les luttes politiques : nous les étudiions avec passion et avec la prétention de les connaître mieux qu'eux qui les avaient vécues. Arrogance juvénile, qui reposait sur une soif de connaissance. Nos pères se fâchaient, mais au fond ils aimaient la façon dont nous nous immiscions dans leur jeunesse. Nous enracinions notre âge sur les ruines du leur. Nous étions fils pour ça : pour assumer leurs torts, leurs faiblesses et en tenter le rachat. On ne se sent véritablement héritiers que d'une dette. Avoir sillonné les rues, dans une succession incessante de luttes et de conflits, les bonnes années de ma jeunesse, et voir que rien de ce temps-là n'appartient à l'arbre de transmission qui anime la génération suivante, avoir la même impression que Zweig ne me rend pas triste. Au contraire, j'éprouve le soulagement de n'avoir rien à expliquer et de ne pas connaître à mon tour l'embarras qui fut celui de mon père avec moi.

GNOMES

Archélaos de Milet, maître de Socrate, croyait que les tremblements de terre étaient dus à une explosion de vent comprimé sous terre. Démocrite y voyait pour sa part des flux d'eaux souterraines. Anaxagore de Clazomènes imagina le ciel comme une voûte de pierres emboîtées, sujettes à des affaissements et à des écroulements. Puis il rejeta les verbes « naître » et « mourir » pour les remplacer par « se composer » et « se séparer ». Puis il appela le blanc de l'œuf « lait d'oiseau ».

Diogène d'Apollonia dit que le soleil était comme une pierre ponce et que les rayons de l'éther s'y fixaient. Leucippe affirma que la terre était un tambour. Pour Démocrite, elle avait au contraire la forme d'un disque, concave en son milieu. Posidonius et Denys conclurent que la terre était en forme de fronde.

Aujourd'hui nous savons qu'ils se trompaient, alors qu'ils scrutaient le monde de tous leurs sens, le méditaient en entier et habitaient la nature. Ils avaient en leur possession tous les éléments du savoir de l'époque, ils connaissaient les étoiles aussi bien que les visages de leurs proches, ils annonçaient des éclipses et des comètes, à l'écoute de l'univers, dans l'intention de le prévoir. Nous, nous sommes installés dans des chambres protégées contre la nuit, la terre et l'espace libre. Nous nous occupons de fragments de plus en plus minuscules. Nous sommes des gnomes face à leurs pensées imprécises, mais profondes, fruits de nuits entières passées sur des terrasses et des toits, à discuter d'infini.

GOUTTE

Un soir de printemps, j'ai rencontré Antonella. Le Groupe Assemblea Teatro de Turin m'avait invité à la représentation d'une pièce émaillée de textes dont certains sont tirés d'un de mes livres. Le titre du texte est : *Une goutte de miel d'un jour de fleurs*. Il y est question d'anges, et de leur errance au rez-de-chaussée des hommes. Le spectacle a lieu dans une église de Pinerolo. J'ai fait la connaissance d'Antonella : licenciée ès lettres, elle cherche du travail sans espoir et sans relâche, elle cherche du travail, c'est le front de son combat, et chaque jour qui passe étant un recul, il ne doit pas s'écouler sans résistance. Alors elle s'est rendue à la librairie Campus de Turin, elle a pris quelques exemplaires de mes livres et elle est venue le soir à Pinerolo pour essayer de les vendre, sachant qu'il devait y avoir un débat après le spectacle. Elle ne travaille pas dans cette librairie, elle a seulement tenté de trouver un stratagème pour s'y ménager une entrée. À minuit, elle est encore là et me raconte ce qu'elle essaiera demain.

Je te demande un pardon impardonnable, Antonella, pour appartenir à une société qui ne sait que faire de toi, de tes études, de ton désir d'être utile, de la précieuse richesse de ton existence. Ta ténacité pure, Antonella, dénuée de tout ressentiment, se gaspille en vain.

Le chômage n'est pas seulement un manque de revenus : c'est un outrage à la bonne volonté, aux études, aux espoirs de personnes jeunes, pleines de vie et de valeur. Nous ne savons que faire de toi, c'est ce que te jette à la figure toute une bande d'adultes. Une société qui déborde de tâches à accomplir et qui les néglige, tout en laissant de côté des richesses qui s'étiolent dans la macération des attentes.

Ce soir non plus tu n'as pu recueillir pour toi une goutte de miel d'un de tes jours de fleurs.

GRATIS

« Que celui qui ne veut pas travailler ne mange pas ! » Cette phrase plaisait aux socialistes du début du siècle, mais elle n'était pas de leur cru. Saint Paul l'avait écrite pour la première fois dans sa deuxième lettre aux chrétiens de Thessalonique (3, 10). Le christianisme des origines était exigeant, il prétendait faire de ses fidèles des exemples d'activité intense et de concorde. Ils étaient là pour témoigner de la grâce d'être croyant.

L'époque actuelle offre un pourcentage élevé de chômeurs qu'on laisse moisir dans les agences pour l'emploi. J'y suis moi-même resté inscrit pendant cinq inutiles années, tout en me débrouillant pour faire des travaux d'ouvrier de fortune. Celui qui ne travaille pas doit pourtant manger et mieux vaut qu'il n'ait pas de famille à entretenir. S'il ne s'en sort pas seul, il dépend de quelque revenu familial. On voit grandir toute une génération de jeunes complètement dépendants et qui cherchent une réponse dans quelque bringue du samedi au simple fait d'avoir grandi. Ce n'est pas une jeunesse brûlée, elle est éteinte sans pouvoir consommer d'autre combustible que celui des pompes à essence. Arrivés au meilleur âge, leurs études terminées, on les laisse mourir les bras croisés. Quand ils se détruisent dans l'obscurité d'un samedi soir, ils n'ont fait qu'exécuter le dernier acte du gaspillage de leurs vies. Leur unique ressource est le volontariat, qui a pour règle le gratis de la prestation. « Qui veut travailler doit le faire gratis » est le nouvel extrémisme de la condition des jeunes.

GUERRIERS

Ils appellent « batailles » leurs modestes controverses, ils appellent « affrontements » une vague divergence d'opinions, pourvu qu'elles soient défendues avec une pointe d'emphase. Ils appellent « lutte » une campagne électorale soporifique. Les hommes politiques s'imaginent être de la lignée des guerriers, ils en usurpent le vocabulaire, croyant y gagner en force. Ils singent la valeur militaire, persuadés par Clausewitz que la politique est le prolongement de la guerre avec d'autres moyens. Ce qui pouvait être vrai alors. Aujourd'hui la politique n'est qu'une branche mineure de l'économie, chargée de règlements comptables à coups de petites mesures d'extorsion. La principale loi du Parlement est tristement la loi « financière ». Celui qui se glisse dans la peau des autres se trouve mécontent de la sienne. Mais pourquoi se placer dans un contexte guerrier plutôt que dans celui d'une compétition sportive ou d'un différend juridique ? Parce que l'homme politique a besoin de se sentir à la tête d'un déploiement de foules, de les guider d'une hauteur. Même le tout petit relief d'une colline de Rome lui suffit.

Un jour, le cardinal Mazarin écrivit que l'image de l'homme politique était la diabolique contrefaçon du saint. Les temps se sont chargés de réduire le terme de comparaison, en application du vers d'Ezéchiel « distinguer entre le sacré et le profane » (*lehavdìl ben hakòdesh le ḥol, 42, 20).* Aujourd'hui, l'homme politique n'est rien d'autre que la modeste contrefaçon d'un gradé. Je n'arrive pas à les distinguer d'après leur tendance politique, leur grade atteint, leur charge obtenue. Je m'efforce d'y parvenir à travers l'intention, le mobile qui les a projetés sur le devant de la scène. Bien que souvent secret, il n'en demeure pas moins le seul élément d'appréciation. Ce qu'ils feront, les résultats, sont au bout du compte un fruit de saison, des nuages de l'an passé. Seule l'intention permet à la fin, « a sacche scutuliate » (les poches vidées, retournées, en napolitain), de voir s'il y avait de la poussière ou de la farine.

INCORRIGIBLE

Agathon, un lointain philosophe grec, aurait soutenu que la divinité, dans son omnipotence, n'a qu'une seule impuissance : faire en sorte que les choses passées ne soient pas arrivées, que par exemple Troie ne tombe jamais. Le passé est irrévocable, même Dieu ne peut rien y faire. Beaucoup plus tard, un Allemand, Nietzsche, dans *Zarathoustra*, tente de venir au secours de la divinité et enseigne que Dieu peut vouloir en arrière (*zurückwollen*). De cette façon il transforme le passé du « ce fut ainsi » en passé du « je le voulus ainsi ». L'omnipotence est sauve si Dieu a voulu le passé exactement ainsi. Mais l'a-t-il voulu vraiment ainsi, tel quel ? À nous qui sommes du siècle des exterminations de masse, l'appui de Nietzsche apparaît pire que le mal. Il est peut-être plus sain de croire que Dieu se soit coupé de toute intervention, qu'il se soit refusé l'acte d'ingérence : de Caïn aux fours crématoires.

Un non-croyant ne peut discuter de sujets si profonds qu'en aveugle. Le souffle court, je pense parfois que tout notre devenir, même le futur, n'est pour Dieu qu'un temps passé. L'histoire du monde, même celle qui se déroulera après nous, n'est pour lui qu'un préambule de l'avent, une antichambre du temps. C'est peut-être justement ce que dit le chrétien dans sa prière : « Fais que ton règne vienne », avec plus de force et moins de mots.

Si Dieu ne modifie pas le passé, moi, le conteur d'histoires, je peux prendre certaines libertés avec les événements, changer la fin de Troie. Je peux lui donner une autre possibilité, lui accorder un salut qu'elle ne sut pas trouver. Contre l'incorrigible passé, faire en sorte qu'Abel vive. Et tant que j'y suis, faire aussi que vivent les agneaux de son troupeau, sacrifiés sur l'autel.

INDIFFÉRENCE

Dans mon vocabulaire personnel, à côté du mot « indifférence », j'ai écrit : incapacité de distinguer les différences. L'indifférence n'est pas un je-m'en-foutisme face au monde, mais plutôt un trouble de la perception qui empêche de distinguer la différence entre réalité et mise en scène. On assiste, inerte, à un acte de violence, à un malheur car on croit assister gratis à une représentation où l'on est tenu d'agir en spectateur. On n'a jamais vu personne dans le public sauter sur scène pour empêcher Othello de tuer Desdémone. Celui qui se croit spectateur profite du spectacle.

L'indifférence est un dérangement opposé à celui de Don Quichotte qui s'immisçait dans les affaires et les malheurs des autres. Lui aussi distinguait mal la réalité, souffrant pourtant d'interventionnisme extrême. Il fait même irruption dans un théâtre de marionnettes, saccageant les pantins qu'il prend pour ses ennemis. Il confond spectacle et réalité, il ne se contente jamais d'être spectateur. En écoutant les nouvelles télévisées il faudrait se rincer les yeux avec le collyre fébrile de Don Quichotte. Se sentir un peu moins spectateur, un peu moins membre d'une « audience », un peu plus membre d'une chevalerie errante, erronée et irritable.

Un des verbes employés par Elohìm dans la création est « diviser/distinguer ». « Et Elohìm distingua/divisa entre la lumière et les ténèbres » (1, 4), « et il y eut distinction/division entre les eaux et les eaux » (1, 6) et ainsi de suite. La création procède à coups de divisions par deux, de bifurcations, comme le sang à partir du cœur. Celui qui ne sait pas distinguer entrave le travail de la création qui ne s'est pas conclu en sept jours. L'indifférence est un outrage au monde créé, non pas à la société.

INDIVIDUALITÉ

En mai 1940, en pleine invasion nazie de la France, André Gide écrivait dans son journal : « Cette désindividualisation systématique à quoi travaillait l'hitlérisme préparait admirablement l'Allemagne à la guerre. Et c'est par là surtout, me semble-t-il, que l'hitlérisme s'oppose au christianisme, cette incomparable école d'individualisation, où chacun est plus précieux que tous. Nier la valeur individuelle, de sorte que chacun, fondu dans la masse et faisant nombre, soit indéfiniment remplaçable… »

Gide voit juste : l'écrasement de l'individu est nécessaire à la tyrannie moderne. Il donne un avantage matériel au criminel nazi : l'impersonnalité de son action. Si ce n'était pas lui, un autre aurait exécuté la tâche. Mais c'est de la fiction, une fragile couverture : un homme comme Priebke exécutait les ordres qu'il approuvait pleinement et surmontait avec zèle toutes les difficultés. Ce degré d'efficacité exigeait du dévouement. Le nazi n'obéissait pas aux ordres, il les réalisait, les interprétait, les perfectionnait avec tout son enthousiasme. Il existe aussi une façon d'obéir aux ordres qui consiste à les saboter. Notre bureaucratie actuelle en est un bon exemple.

La phrase de Gide dit au contraire quel est l'antidote de la tyrannie : donner de la valeur à la personne humaine, approfondir l'individualité de chacun, comprendre, comme l'enseigne le Talmud, que Dieu a créé un seul Adam pour faire savoir que celui qui tue un homme tue une espèce tout entière, celui qui en sauve un sauve une humanité entière. Car chaque être humain contient toute l'espèce, accumulée en lui depuis ses plus lointains ancêtres et projetée ensuite dans le futur à travers d'innombrables cas uniques.

AU NOM DE DIEU

Aucune guerre récente de notre Méditerranée n'a tenu le nom de Dieu à l'écart de ses prétextes. Il est invoqué par celui qui se fait exploser dans un autobus en Israël, par les égorgeurs de femmes en Algérie, par les trois parties de la Bosnie en guerre, en Tchétchénie, en Irlande. La modernité consiste précisément dans ce besoin d'une justification de Dieu. À la fin d'un siècle de guerres athées qui ont montré la suprématie des démocraties sur les tyrannies, de nouvelles guerres veulent prouver la suprématie d'un autel sur un autre. Plutôt que de croire en Dieu, les nouveaux guerriers au nom de la foi pensent que c'est à lui de croire en eux, en leur confiant certaines de ses missions expéditives.

Sur le premier volet des deux tables il est écrit : « Tu ne soulèveras pas vainement le nom de Yod/Dieu ton Elohìm. » Le verbe *nasà* précise qu'on soulève le nom de Dieu chaque fois qu'on le prononce, et qu'on en porte tout le poids. Celui qui le hisse sur des armes doit assumer en plus le poids d'un blasphème à des fins de massacres. Même en tant que non-croyant je ne parviens pas à m'habituer à certains abus de confiance. Je ne suis pas gêné par le « tu » effronté et familier avec Dieu : le « tu » est le pronom de la révélation et donc de la relation entre créatures et créateur. Mais il y a un « tu » qui veut impliquer Dieu dans les aversions, les injustices, les rancunes. Contre cet abus, en simple lecteur des Saintes Écritures, j'ai recours au vers de David dans le psaume 39 : « Car je suis un étranger chez toi. » Cette terre n'appartient pas à l'espèce de l'Adàm. Son découpage en nations est un abus, ridicule même pour les oiseaux. Nous sommes des étrangers au sol : nous l'habitons, comme la vie et comme la foi elle-même, à titre de prêt et non de propriété.

INUTILES

Dans le convoi de mai en Bosnie, Maura en était à son troisième voyage. Elle venait d'obtenir sa licence. Ainsi depuis peu elle ignorait son avenir. Pendant le déchargement de nos camions dans un camp de réfugiés, je la regarde, à l'écart, faisant connaissance avec les femmes musulmanes, presque toutes veuves, fuyant Srebenica. En regardant décharger, elle me dit : « Je n'essaie même pas de me rendre utile. » Devant mon air intrigué, elle se met à plaisanter sur notre inutilité. Elle insiste : « Il me faut venir ici pour me rendre compte finalement de mon inutilité, de la disproportion immense entre leur peine et l'aide que j'apporte. » Arrivé à mon vingtième voyage dans ces régions, je peux tout à fait souscrire à ses phrases. Et j'insiste en lui disant que notre inutilité accomplie ici vaut bien mieux que notre maigre utilité domestique. Ici, on ouvre les yeux sur nos prétentions d'êtres humains, ici, on encaisse une bonne leçon sans renoncer à notre désir de tenter quelque chose, ne serait-ce qu'une visite, pour ne pas laisser cette humanité seule. Alors elle sourit et dit qu'elle n'échangerait pas son inutilité ici contre tous les succès du monde. Une pensée qui a de la grandeur pour qui a accompli son devoir d'études chez elle, sans la moindre parcelle de perspective d'en retirer les fruits. Et je crois réentendre mes dix-huit ans quand je chantais avec Dylan : *She knows that there is no success like failure*, elle sait qu'il n'y a pas de succès comparable à l'échec.

LOIS

Montaigne écrivit dans un de ses essais : « Or les loix se maintiennent en crédit, non par ce qu'elles sont justes, mais par ce qu'elles sont lois. C'est le fondement mystique de leur authorité ; elles n'en ont poinct d'autre. » Pascal ajoute à cette pensée : « Mais le peuple la suit [la loi] pour cette seule raison qu'il la croit juste. » Puis, dans un écart de pensée anarchique, il tire cette conclusion : « Mais il [le peuple] est sujet à se révolter dès qu'on lui montre qu'elles ne valent rien [les lois] ; ce qui se peut faire de toutes, en les regardant d'un certain côté. » Les mouvements révolutionnaires naissent toujours d'un sentiment d'injustice, d'un droit à réagir contre une loi. Prises séparément, toutes les lois sont perfectibles, c'est-à-dire abrogeables. Le principe de relativité de toute loi a été étudié depuis des siècles, mais nous n'en sommes toujours pas persuadés. On se soumet à des procédures où la discrétion et l'arbitraire sont sanctionnés par le douteux critère de « conscience » et de « liberté de conviction » du magistrat. On s'en remet à la voix d'un unique collaborateur de justice, autrefois qualifié de délateur, puis promu au rang de source de vérité par la transfiguration d'un repentir. Je rappelle qu'en latin *paenitere* signifie faire pénitence et non pas la faire supporter à d'autres.

Nous avons oublié que dans le Deutéronome/Paroles (19, 15) Dieu a laissé cette phrase par écrit : « Il ne pourra se dresser un seul témoin contre un homme pour chaque faute ou chaque péché qu'il péchera, mais sur la bouche de deux témoins ou sur la bouche de trois témoins l'affaire sera réglée. »

L'ORDRE DE D.

« Recherche la paix et poursuis-la ». Le psaume 34 de David offre une succession de verbes à l'impératif, comme il convient à un commandant habitué à donner des ordres secs et incisifs dans les batailles. En nul autre endroit des Saintes Écritures la paix ne se trouve accolée à ce verbe d'angoisse et d'urgence : poursuis-la. David ne se trompe pas, il sait par expérience ce que signifient poursuivre et être poursuivi. Il a connu la paix et la guerre, le palais du royaume et la grotte des bannis. Il comprend le sens de la prière et de l'impératif. Je ne connais pas les raisons du verbe, mais j'ai un exemple. Depuis la fin de l'année 1993, je vais en Bosnie comme chauffeur de convois humanitaires, à la demande d'un groupe de catholiques d'Émilie, pratiquants fervents. Ils recueillent toute une masse de dons spontanés dans leur région et les distribuent là-bas en différents endroits, chez les Bosniaques : catholiques, musulmans et Serbes, là où on en a besoin. Au milieu de cette guerre minutieuse dont les multiples fronts passent même entre deux maisons, ils cherchent un geste de paix et d'amitié. Ils ne vont pas décharger leurs camions dans des dépôts, dans les réserves nationales, mais dans de nombreuses localités, apportant avec leurs marchandises de dépannage la valeur ajoutée d'un petit groupe, escorte solidaire. Je vais avec eux, car, seul, je n'aurais jamais trouvé ou même pas cherché la paix, la piste pour y accéder. Je crois qu'eux aussi ont exécuté l'ordre du commandant David : « Recherche la paix et poursuis-la. »

LOUVRE

À l'époque où je travaillais à Paris sur des chantiers de banlieue, j'allais au Louvre le dimanche. Il n'y avait encore ni la pyramide en verre ni les magasins au-dessous. Ce n'était qu'un magnifique musée. Je m'arrêtais volontiers devant l'énorme tableau des *Noces de Cana* de Véronèse. Il raconte le prodige des débuts de Jésus dans le monde, écrit par Jean : Jésus rougit en vin l'eau des six jarres. C'est le geste inverse de celui de Moïse qui rougit de sang les eaux du Nil, inaugurant les dix plaies. Je le fixais longtemps, avec des jeux idiots comme celui de compter les têtes, plus de cent, les chiens, les oiseaux. Chaque personnage faisait un geste arrêté en vol, mais Jésus était immobile, figé dans l'exécution de son premier miracle, le « hop là » de l'eau en vin, à la demande de Marie. Plus qu'un tableau c'est un système solaire, au centre duquel on peut voir un lieu plus qu'un homme, un lieu où se révèle le futur. Jésus débute comme stratège de prodiges sur une table dressée et déjà préparée pour un autre vin et une autre cène, la dernière, quand il transformera ce jus de raisin en sang de ses propres veines. Dans chacun de ses gestes résonne le futur, le système solaire des personnages du tableau converge sur lui.

J'étais si absorbé que je n'entendais pas le paisible brouhaha des visiteurs de la grande salle. Je croyais que le tableau aussi avait le pouvoir d'annuler les voix de la foule des invités de Cana. Le silence aboutissait à un homme qui devenait le nom de nombreuses fêtes à venir. Louvre pour moi peut s'écrire *L'ouvre*. Je dois à la France ses ouvertures autant que son hospitalité. Sans ces dimanches d'entrée gratis, je n'aurais pas compris comment un saint se tient assis au milieu du monde.

LIEU

« Dieu est le lieu du monde mais le monde n'est pas son lieu. » Cette vieille phrase hébraïque revient plusieurs fois dans les Écritures, en particulier dans le *Sèfer ietzirà*, « livre de formation ». Pour le croyant, Dieu est la raison du monde, sa cause, mais la raison de Dieu n'est pas le monde, sa cause n'est pas le monde. Selon cette phrase, Dieu est l'ailleurs, le pas du tout dans le monde. Dieu, ou « abstraction faite » d'après l'expression de Totò, très efficace en théologie.

Cette pensée plut à Thomas Mann qui se documenta très sérieusement pendant les seize années où il écrivit le cycle des histoires de Joseph, la plus vaste entreprise de sa carrière. Les histoires racontées entre les chapitres 37 et 50 du livre que nous appelons la Genèse et que les Juifs appellent *Au début*, inspirèrent à Mann quatre volumes. Dans le prélude du dernier il écrivit : « Il (Dieu) est l'espace du monde mais le monde n'était pas son espace (ainsi le narrateur est l'espace de son histoire mais elle n'est pas son espace…). » Mann fait du narrateur un comparatif d'égalité avec Dieu, à l'un le monde, à l'autre l'histoire. Une ambition aussi effrénée n'a jamais été exprimée en littérature. Mais pour récrire le récit sacré de Joseph, Mann a eu besoin, prenant la place de créateur supplétif, de réduire Dieu au rang de personnage littéraire. Alors son travail monumental a connu le sort des autres œuvres tirées d'histoires déjà écrites : devenir une parodie. Ce n'est pas un dénigrement, mais un déraillement. Il arrive que les parodies soient sublimes, comme *Don Quichotte*, et parviennent à effacer la trace de leurs origines. Ce n'est pas le cas de Mann : le narrateur n'a pas réussi à être le « lieu » de l'histoire parce qu'elle n'était pas la sienne, mais celle de Dieu.

MATIÈRE ÉCRITE

Une journée de travail sur le chantier : je fais précisément mes heures, déplaçant un grand nombre de dalles de marbre destinées à un carrelage. Je les décharge du camion, je les transporte à l'intérieur, elles me passent bien des fois entre les mains. La poussière blanche, la poudre du marbre se glisse dans tous les sillons, dans les pores, dans les éraflures de mes mains. Même en la grattant sous l'eau le soir, elle résiste comme un voile. Puis, chez moi, l'encre d'une seiche que je suis en train de préparer se met à suivre ce blanc, le recouvre, sur toute la surface de mes mains. Je les rince, mais pas à fond, je n'ai pas de baise-mains à faire. Ma tête qui pétrit sans cesse des mots imagine que ce noir sur blanc de mes mains est une écriture : que les choses qui m'entourent écrivent sur moi et sur tous les autres, mais personne ne sait plus lire le courrier qui nous tombe dessus, les gouttes de pluie sur un carreau par exemple. Même les enfants ne savent pas le faire. Peut-être qu'Adam savait, quand il donnait des noms à toutes les créatures. Peut-être qu'il ne les inventait pas, mais qu'il les lisait écrits sur elles, dans les empreintes du sol, dans les vols du ciel. Et si je peux composer quelques pages d'écrivain, c'est parce que ce soir je suis moi-même écrit en noir de seiche et en poudre de marbre, sur le dos et dans la paume de mes mains. Sur un coin de table qui n'est pas débarrassée, avec une haleine qui sent l'oignon, j'écris sur la matière qui m'a écrit.

MATERNITÉ

Maternité et paternité : la première est une faculté génératrice de la femme, la seconde, parfois par présomption, contribue bien moins à l'événement de la reproduction : un rapport de quelques minutes contre neuf mois. J'ai entendu une femme du Sud dire que, vis-à-vis des enfants, le mari n'est que du sang prêté.

Il est abusif de s'attribuer une paternité d'œuvres et d'actions plutôt qu'une maternité. Un artiste, un terroriste revendiquent une paternité, croyant ainsi en assumer l'entière responsabilité, quand ils citent précisément la composante qui en a le moins. Dans une tragédie de Racine, un vers exprime le mobile de bien des revendications d'actes de sang. Hermione fait tuer Pyrrhus et dit : « Ma vengeance est perdue / s'il ignore en mourant / que c'est moi qui le tue. » Nous sommes tellement habitués aux communiqués liés aux crimes de sang qu'en leur absence nous ajoutons avec regret que tel attentat n'a pas encore été revendiqué. On est prié de désigner l'expéditeur. Inversant l'ordre des fins et des valeurs, certains terroristes italiens en arrivèrent à tuer uniquement pour pouvoir donner une voix officielle à leurs communiqués. La vie d'un homme fut réduite dans ces cas-là à un timbre-poste, une taxe payée pour faire parvenir un message. L'artiste aussi réclame parfois la paternité de son œuvre et certains se sentent totalement pères de leur production. Et pourtant la paternité est si fugace qu'elle doit se défendre par la loi. Pour la nature seulement *mater semper certa est.* Le *pater* en revanche se réduit au titre d'une vieille série télévisée : *C'ero anch'io*[1]. Un simple témoignage.

Quand le pape Luciani avança l'hypothèse théologique que Dieu était peut-être aussi mère, il entendait faire assumer au créateur la responsabilité capitale d'avoir mis au monde le monde, acte générateur d'une maternité tumultueuse et délibérée.

1. Série de télévision italienne où l'on mettait en scène un événement passé et qui se terminait par cette phrase de l'animateur : « E voi potrete dire : *c'ero anch'io* » (« Et vous pourrez dire : *moi aussi j'y étais* »), d'où le titre de l'émission.

BUTS

« La vanité se trouve aussi bien dans le point de départ que dans le but qu'on se propose », écrit Hofmannsthal (1874-1929) dans son *Livre des amis*. Le premier pas est-il aussi abyssal que le but ? Quand j'arrivai au terme de la première d'une de mes escalades en solitaire, sans la protection des cordes, ce fut sur une voie facile dans les Dolomites. C'était sans l'avoir décidé auparavant. Je me rendis au pied de la paroi, je chaussai mes souliers d'escalade et j'essayai de faire les premiers pas, en étant sûr de pouvoir les refaire en descente. Au milieu de la paroi seulement je risquai la suite et je débouchai au sommet. Je ne m'étais pas fixé de but, le premier pas n'était que ça, un mètre au-dessus de la terre. Ainsi ai-je étudié l'hébreu ancien, achetant ma première grammaire juste pour voir comment était construite cette langue, non parce que j'avais décidé de l'étudier. Puis j'appris l'alphabet, puis je m'aventurai plus loin. J'aimais cette étude solitaire, qui me dédommageait de ma vie d'ouvrier. Tout ce qui m'est arrivé de bon n'est pas venu intentionnellement, mais sans le vouloir, sans but fixé, sans pose de la première pierre ou autres solennelles inaugurations. Pourtant, si par nature je n'ai été amené à connaître ni les objectifs ni les frissons des commencements, et donc à juger de la « vanité qui se trouve dans le point de départ », je ne crois pas pour autant que la phrase de Hofmannsthal soit juste. Elle fait du tort à tous ceux qui ont eu le courage de se donner des objectifs, employant leur temps avec plus d'intention et de satisfaction que les gens comme moi.

MILLE LIRES

Dans ma jeunesse j'ai participé à un mouvement qui s'appelait Lotta Continua. C'était une organisation de volontaires, ni gouvernementale, ni parlementaire. Elle avait un journal du même nom et les militants comme moi allaient le vendre pour cent lires à l'entrée des usines. Devant l'Italsider de Bagnoli et de Tarente on criait le nom du journal, comme au marché, dans l'obscurité de la première relève. Les trafiquants de cigarettes braillaient leurs « trois paquets, mille lires », leurs cris se mêlaient aux nôtres. Comme nos marchandises n'étaient pas en concurrence et qu'une sympathie réciproque s'était établie là-dehors à l'aube, nous étions arrivés à une entente qu'aujourd'hui on qualifierait de synergie. Les contrebandiers et les militants étaient côte à côte et le cri était ainsi devenu : « Lotta Continua et trois paquets, mille lires », en faisant une ristourne à la clientèle. Contrebandiers, militants révolutionnaires, ouvriers : aucune autre société alentour à cette heure-là. Il était facile de se sentir membre de ce mélange de l'humanité et de croire à cette foule sombre. C'était l'époque où je restais de l'autre côté des grilles, je n'étais pas encore ouvrier. Puis Lotta Continua finit et moi je commençai, sans ce mouvement, sans journal, à devenir un ouvrier. Les contrebandiers avaient changé leurs prix, le PSI de Craxi était au pouvoir et certains de mes anciens camarades suivaient le fifre.

Chacun connaît un temps dans sa vie où une correspondance s'établit entre les choses, leur prix et l'argent qu'on a en poche. Pour ceux de mon âge, il y eut le temps des mille lires, fixé pour moi par le cri rauque des trafiquants du Sud : « Lotta Continua et trois paquets, mille lires. »

MISHPÀT

« Met giudezzi », « sois raisonnable » : c'est la petite phrase que don Alfredo, curé de Casumaro, prononce quand on se salue. Il la préfère à une « bonne nuit », à un « au revoir », ou à n'importe quel autre salut. Entre nous, habitués des convois de Bosnie, c'est devenu un refrain même en son absence. J'essaie moi aussi d'imiter son accent et le son émilien des deux *z*, croisement dans la bouche entre une sifflante et un tortellino brûlant. J'ai compris depuis peu le sens de la phrase de don Alfredo, qui n'est pas une invitation à s'assagir, à bien se comporter. Je l'ai compris à travers Isaïe qui à chaque nouvelle lecture m'explique avec patience quelque chose de plus. Un matin, j'ai trouvé le « met giudezzi » de don Alfredo. Le vers fait référence à l'annonce du serviteur : « Voici mon serviteur que Je soutiens » (42, 1), dit Yod/Dieu. Puis il ajoute : « jusqu'à ce qu'il mette dans la terre jugement » (*ad iasìm baàretz mishpàt,* 42, 4). Le serviteur viendra porter, installer le jugement/*mishpàt* dans le monde créé. Mets le jugement, viens le planter sur terre : don Alfredo n'envoie pas réfléchir sur soi-même, mais agir pour hâter le *mishpàt* sur la terre. Je décline l'invitation, favoriser le jugement final n'est pas une œuvre à la mesure de mes forces. Mais grâce à Isaïe j'ai compris à quel genre de devoir nous expédie chaque fois, avec l'air d'un simple salut, ce frénétique brave homme de don Alfredo de Casumaro.

MONUMENTS

Le 10 mai 1943, à dix heures du matin, deux camions arrivèrent au-dessus des bouches d'égout d'une rue de Varsovie. Ainsi Marek Edelman et quelques combattants juifs sortirent du ghetto en flammes. Ils avaient participé à la résistance armée de cet hiver-là et à la lutte furibonde commencée le 19 avril contre la liquidation totale du ghetto. Le 8 mai, le chef de l'insurrection, Mordekaï Anielewicz, encerclé par les Allemands, s'était suicidé avec les siens.

Ainsi le 10 mai 1943, un homme sortait vivant de la destruction systématique d'un peuple d'Europe et d'un quartier qui un an plus tôt comptait encore quatre cent mille personnes. Il sortait vivant, puant l'égout, la poudre, la faim. C'était l'odeur de la liberté que bien peu réussirent à porter sur eux dans l'Europe occupée par les nazis-fascistes. Marek Edelman participa à l'insurrection de Varsovie, l'année suivante. Après la guerre, il est devenu cardiologue. En 1980, il a adhéré à Solidarnosc. C'est le dernier monument de ce siècle. Je rapporte une de ses phrases simples : « Voilà, jusqu'à la fin tu ne sais jamais à quoi tu vas devoir t'habituer. » Le ghetto de Varsovie fut aplani comme un champ. Maintenant, il y a un autre quartier, et il n'y a plus de juifs, ni là, ni en Pologne. Il reste par contre, comme une jambe qui fait souffrir même après son amputation, l'antisémitisme. Il y a quelques années, lors du cinquantenaire de l'insurrection du ghetto, je vis à Varsovie un homme, debout sur une chaise, qui s'adressait à une petite foule, à l'écart des célébrations. Il parlait doucement à une foule intensément muette. C'était Marek Edelman.

AUCUN SIGNE

L'archéologie appliquée aux Saintes Écritures m'a toujours semblé un exercice inutile. Certains décident que la montagne des tables de la Loi se trouve à un endroit, d'autres la déplacent à bout de bras dans une autre localité beaucoup plus adéquate et d'autres encore se disputent le sommet sur lequel se posa l'arche de Noé après le déluge. L'archéologie des hauteurs bibliques s'est engagée à grands frais dans des assignations. Je ne crois pas que l'Écriture ait voulu tourmenter les lecteurs avec des énigmes géographiques et des chasses au trésor. Un Livre qui a effacé les voyelles du tétragramme du nom de Dieu pour que personne ne sache le prononcer n'avait aucun égard pour la curiosité des petits-fils du vingtième siècle. Le Livre se moque bien d'une matière pourtant respectable comme la géographie. Si le Sinaï avait été plat, une hauteur aurait très bien pu surgir brusquement et puis disparaître, comme pour la colonne de feu la nuit, comme pour la manne tombée là seulement et pendant quarante ans. Qu'importe d'identifier une montagne, ou l'espèce botanique à laquelle appartient l'arbre de la connaissance du bien et du mal dont fut détaché abusivement un fruit peut-être mûr ? Il est bien prétentieux de chercher des confirmations, comme si une preuve pouvait apporter ou retrancher quelque chose. Il m'est impossible de prendre part à la discussion acharnée sur un fragment qui attribuerait une date légèrement antérieure à l'Évangile de Marc ou bien au tissu du saint suaire. Les nouvelles des Saintes Écritures obéissent à une autre loi de confirmation : avoir ou non la foi. Elles contiennent des articles qui ne peuvent se soumettre à des preuves. C'est à prendre ou à laisser, mais pas en fonction des dernières expertises médico-légales. Si en revanche on cherche des signes, il faut alors donner la parole à Marc (8, 12) : « Qu'a donc cette génération à demander un signe ? En vérité je vous le dis, il ne sera pas donné de signe à cette génération. »

NOBLESSE

Je pense au nom du peintre juif russe Marc Chagall. Comme Paul est la version latine du nom juif Saul, Shàul, Marc est la forme christianisée de Marek, diminutif de Mordekaï, le sauveur du livre d'Esther. Chagall vient d'un verbe hébraïque qu'on trouve dans l'Ancien Testament et qui veut dire : être couché avec une femme. Le nom d'un émouvant peintre de vaches et de violonistes en suspens dans le ciel vient donc d'un livre sacré, il est inscrit dans son dictionnaire comme le mien l'est dans le registre de l'état-civil.

Je pense au nom de Zevi [1], connu en Italie par quelques personnalités. Je le trouve en feuilletant le dictionnaire hébraïque de l'Ancien Testament : il signifie « splendeur ».

Porter ces noms, descendre de la voix ultra-millénaire des Saintes Écritures me semble être la seule noblesse indiscutable. En comparaison, tout le reste, fait de titres, de terres, de bla-

1. Grand architecte italien, président des communautés juives.

sons et de châteaux est d'une vulgarité de nouveaux riches.

Je porte un nom commun à bien des Méridionaux et un prénom mêlé d'américain à cause d'une grand-mère venue de là-bas et qui a fait des petits Italo-Américains. Ma généalogie s'arrête au siècle. Toute tentative de remonter plus loin qu'un arrière-grand-père docker me ferait bien rire. N'éprouvant aucun respect pour les nobles de naissance, devant un nom comme celui de Chagall ou de Zevi, j'éprouve le respectueux étonnement que d'autres manifestent à l'égard des princes des maisons régnantes.

PAS NÉCESSAIRES

Autrefois j'ai participé à des entreprises collectives, j'ai adhéré à une communauté et j'aimais la boutade : « Nous sommes tous nécessaires, mais nul n'est indispensable. » Aujourd'hui que ma peau a perdu toute faculté d'adhérence et d'adhésion à quoi que ce soit, je crois au sens inverse de cette phrase. Je me suis persuadé que nul n'est nécessaire, mais que par contre chacun est le fruit d'un accident prodigieux et gratuit qui, pour se réaliser, doit exclure une infinité d'autres, tous possibles. Chaque individu est un don, un ajout non nécessaire, qui ne vient pas combler une case vide, mais enrichir tous les êtres. Une vie est cet excès de la nature, exagération retentissante d'une offre non nécessaire et pourtant irremplaçable. Chacun est une pièce unique, exceptionnelle, dont la fin est un total gaspillage, sans remède, sans substitution, sans dédommagement. Nul ne peut être remplacé. Le monde avance à force de dons et de dissipations, de cadeaux retentissants et de brusques effacements, d'excès et de manque. Ce n'est pas un système équilibré donner/avoir, il est fourni sans contrepartie. Nul n'est nécessaire, chacun est indispensable.

Un dimanche, il y a quelques années, la télévision retransmit la mort d'un athlète. Au cours d'un match de basket-ball il fut pris d'un malaise, se pencha du côté du cœur en faisant un geste pour demander son remplacement. Il tomba au bord du terrain et mourut là. J'ai gardé le souvenir de ce geste purement héroïque d'un athlète qui, sur le point de s'effondrer, ne réclame aucun secours pour lui, mais pour son équipe. J'ignore si la partie a continué ou si elle a été suspendue, il est sûr que tôt ou tard quelqu'un a pris sa place de titulaire. Mais nul ne peut l'avoir remplacé dans ce monde, privé du don de son existence, de la sienne entre toutes les autres.

NUAGES

C'était le mois d'août et nous étions à la montagne. Une bande d'amis avait parcouru un long chemin de crête, ne croisant que des troupeaux de chamois. Des sommets, on avait pu reconnaître l'horizon tout entier, identifiant les pics les plus lointains. Vers la fin de l'après-midi commença la descente. À l'heure du coucher de soleil, au fond du ciel, se forma un nuage rond, sombre, plus noir sur les bords. Il n'avait rien à voir avec le reste de l'air, c'était un trou par lequel le jour perdait de sa lumière. Bruno, un garçon de douze ans, se tourna vers son père et dit en désignant le nuage : « C'est comme une tache de pétrole en mer. » Il dit cela en passant, attentif à ne pas trébucher sur le sentier et uniquement pour constater une évidence. Il eut cet hendécasyllabe capable de gâter la vue, car la mer et le ciel aux yeux d'un adolescent étaient devenus des lieux de décharge. J'ai pensé au vers 39 du psaume 109, que j'avais voulu corriger à mon idée : où on lit qu'un nuage s'étend au-dessus du désert, non comme une protection, mais « comme un tapis ». Car, étendu entre terre et soleil, il faisait une ombre au sol et sur cette trace sombre un peuple d'esclaves trouvait sa route et faisait l'expérience de sa première liberté. La différence entre les deux offices du nuage comptait beaucoup pour moi : y trouver une protection ou bien se faire un guide de son ombre. Ils me semblaient être alors, et même aujourd'hui, deux façons différentes de rester à l'ombre des Saintes Écritures, pour y chercher un refuge ou une boussole pour avancer. Le nuage de Bruno effaçait la protection comme le tapis. C'était un nuage sans ombre. Il flottait dans un ciel que nous avions sali autant que la mer. Les nuages meurent aussi de la sorte.

OCCASIONS

Dans un livre paru il y a vingt ans, *La Rencontre de Wiener Neustadt* d'Alberto Lecco, il est question d'un jeune couple de juifs viennois qui, au cours de l'hiver 1942, fatigués de fuir, se livrent aux nazis. Dans une gare secondaire de Vienne, ils attendent le convoi qui les enverra dans les camps. Ils sont calmes, ils ont écroûté sur eux, comme une gale, tout espoir. Soudain, un bombardement aérien disperse gardiens et prisonniers. Ils se retrouvent tous les deux dans un trou avec l'officier des SS chargé de leur voyage terminal. Celui-ci, en plus, est évanoui et son pistolet se trouve dans les mains de l'homme. La femme l'incite à tirer, lui ne veut pas, ne peut pas. Pendant ce court instant d'hésitation, le nazi se réveille et l'homme lui remet le pistolet. L'officier leur dit : « Vous avez laissé passer un moment incroyable, mais incroyable surtout pour moi. Vous avez perdu une occasion. » Tirer était admettre qu'ils espéraient encore, renier leur renoncement. Dans notre monde qui voue un tel culte aux occasions, ce comportement est inacceptable. L'impertinente exaltation de l'opportunité, unique, de la circonstance exceptionnelle, fait partie de la mythologie moderne. Et pourtant celui qui sait écarter l'illusion du moment, renforce sa propre humanité. À quoi cela sert-il, si l'on doit mourir le lendemain ? Justement à ça, à affronter la plus grande adversité en hommes prêts. C'est avec admiration que je parle d'eux. Je ne me crois pas capable de cet immense geste de renoncement.

YEUX

Un vers du *Cantique des cantiques* a dévié de sa traduction habituelle au cours de ma lecture. La différence avec les autres lectures n'est pas forcément innovatrice ni meilleure, elle n'est que le résultat de mon obstination toujours imparfaite de lecteur très littéral. Selon la Bible (traduction Cei[1]) le vers dit ceci : « Détourne de moi tes yeux, leur regard me trouble » (6, 5). Et en hébreu : *Hassèbi enàic minneghеddì shehèm hiravùni* qui signifierait à la lettre : « Détourne de moi tes regards qui m'ont troublé. » Mais le verbe final se traduit selon moi par : « qui m'ont rendu fier ». Je ne voudrais pas sembler ennuyeux avec un problème grammatical, mais seulement partager avec quelqu'un l'enthousiasme du jeune amant qui dans ce vers fait sa déclaration d'amour à voix haute. Il vient de dire à sa bien-aimée : « Tu es belle, mon amie, comme Tirça [une

1. Conférence épiscopale italienne.

ville ancienne], douée comme Jérusalem, terrible comme les légions. » Dans sa fougue il est lucide, rapprochant deux adjectifs pour le moins surprenants : douée pour moi comme Jérusalem l'est pour la sainteté ; terrible, qui n'est pas tout à fait un compliment au premier abord, mais certes efficace pour décrire la déroute de son amour en face d'elle. Les yeux de la bien-aimée font plus que le troubler : ils l'emplissent d'orgueil et d'effroi. Car ils le cherchent, l'attendent, le tiennent sous leur feu, entre deux battements de cils. Les livres anciens connaissaient l'amour et en décrivaient les finesses désormais ensevelies chez nous sous une avalanche de pensées pour papillotes.

NOMBRIL

Bien avant qu'un chanteur de chez nous n'ait défini le nombril du monde, on lit dans Ezéchiel (38, 12) *tabbùr haàretz*, nombril de la terre, celle d'Israël. Il n'évoque pas tant une idée de centralité, car le corps humain, selon les inclinations de chacun, peut avoir bien des centres : tête, cœur et ainsi de suite en descendant. Il exprime par contre avec précision l'idée d'un nœud. Le nombril est le nœud d'une séparation, une fois le cordon coupé. La terre sainte est le lieu de cet arrachement et de cette suture. Jérusalem est le sommet d'une chirurgie natale entre notre sacré et sa matrice. C'est le dernier point de contact entre une terre et un Dieu qui l'a créée. Choisie par David, cette hauteur est devenue le centre de trois religions. Au cours de sa visite, un illustre voyageur douta des goûts de Dieu et demanda : « Mais pourquoi pas à Naples ? » Bien que flatté du rapprochement en tant que natif du lieu, je crois que le paysage n'était pas suffisant pour que Dieu fasse une telle déclaration d'amour à

Jérusalem à travers les mots d'Isaïe (62, 4) : « Mon intention est en elle. » Le temple de Salomon, le martyre de Jésus et l'extraordinaire hommage de Mahomet qui y plaça le songe d'un de ses voyages nocturnes et d'une de ses montées aux cieux à la verticale de Jérusalem, ont fait de ce lieu le dernier nœud serré entre notre sol et le ciel.

OUVRIERS

Nous passons des jours entiers les bras chargés de bien des poids, à monter et descendre les escaliers d'un vieil immeuble. Nous travaillons à la réfection d'un appartement, la poussière recouvre nos visages fanés et les rend tous égaux. Nous descendons par l'escalier une baignoire en fonte, l'un devant l'autre, lui en haut et moi en bas. Je descends les marches à reculons, attentif à ne pas tomber, sinon la baignoire m'écraserait. Lui est plus vieux que moi. Son visage est un masque d'effort que je connais depuis des années, il s'étire tout entier vers le bas là où le cou se gonfle, allongeant sa bouche qui découvre ses dents. Moi je plisse les yeux et je laisse faire mes doigts exercés à tenir dans des prises bien plus incommodes sur la roche. Ainsi, je pense qu'au fond cet effort antique du corps pour porter des poids comme mes ancêtres est pour moi une sorte d'entraînement pour les passages en surplomb quand je cherche une prise pour me hisser plus haut tout en soutenant mon corps. Et cette pensée stupide me permet de donner un sens, une variante à la fatigue pure, elle me permet de la supporter et de la faire passer. Car c'est un soulagement de donner un but à un effort, à une souffrance. Mais lui, rien ne distrait son esprit, il n'y voit que la malédiction quotidienne qui doit s'accomplir, en prouvant qu'il en est encore à la hauteur, car on pouvait embaucher un plus jeune. Ainsi, il tend le cou comme il a appris à le faire quand il était jeune et il espère seulement que son cœur ne se brisera pas avant la retraite.

OVIDIO [1]

Mirella Pincelli et Alberto Bonifacio, catholiques qui ont organisé et conduit plus de cent convois en Bosnie, l'aiment bien et souffrent de son absence. Don Alfredo, curé de Casumaro, homme dont la foi irradiante et joyeuse vous contamine, ne se résigne pas à ne plus le voir. Giuliano Fachiri, un des premiers volontaires accourus en Bosnie, a éclaté en sanglots en apprenant qu'il s'était laissé incarcérer.

Comment as-tu fait, Ovidio, sans tapage, en perpétuelle abstinence de premier plan, obstinément discret, pour te faire aimer ainsi ? Comment fais-tu pour laisser une marque indélébile de sollicitude et d'affection chez les gens que tu rencontres ? Tes accusateurs prétendent le savoir : c'est un assassin qui s'est repenti. Mais tes amis ne s'expliquent pas pourquoi ta réclusion leur pèse tant, pourquoi ta docilité

1. Ovidio Bompressi faisait partie, comme Erri De Luca, de Lotta Continua. Il est aujourd'hui inculpé pour le meurtre d'un commissaire de police. C'est à lui que le livre est dédié.

indomptable les fait tant souffrir. En Bosnie, quand il s'agissait de se charger d'un travail supplémentaire, kilomètres, mission, risque, ils pouvaient compter sur toi.

Ovì : te souviens-tu de ce président de tribunal, un Méridional qui se servait de ton prénom abrégé par Giorgio, pour faire de l'esprit ? Chez lui, Ovì veut dire « lo vedi » [1], et cette plaisanterie lui servait à digérer la perpétuité qu'il était en train de te faire endosser. Ça aussi c'est arrivé.

On t'a retiré ton passeport, ton travail, ta bibliothèque, tes montagnes, mais ton nom c'est impossible, même en déchirant tous tes papiers. Il reste libre, préservé, il ne s'abîmera pas. Auprès de tes amis et de tous ceux qui t'ont rencontré, tu le retrouveras intact.

P.S. Ces pages d'écriture se veulent durables et non de circonstance. Celle-ci est la seule qui réclame une expiration rapide, un effacement derrière ta liberté.

1. « Tu le vois. »

PEAU

« Alors ta lumière sera fendue comme l'aurore et ta peau longue [cicatrice] bourgeonnera vite » (Isaïe, 58, 8). Cette phrase peut expliquer comment s'est faite la langue hébraïque des Saintes Écritures. Je traduis par « peau longue » le mot *arucà* qui au sens littéral signifie seulement « allongée » et qui décrit la nouvelle peau qui repousse et referme la blessure. Même après guérison la peau rose de la cicatrice semble rester étirée, lisse, dans la tension de l'allongement. L'hébreu désigne la cicatrice par le mot « allongée » : c'est le mécanisme de nos points de suture qui allongent la peau pour permettre la couture des bords. Le verbe qui accompagne (cinq fois sur six) le mot *arucà* est « monter ». Par exemple Jérémie (33, 6) : « Voici que je fais monter pour vous une peau longue et que je vous guéris. » Seul Isaïe néglige le verbe monter et utilise « bourgeonner », *tzamàh*. Car il y voit un excès de vigueur : la peau, ouverte comme un sillon par la blessure, se referme, faisant bourgeonner de nouvelles pousses. Il devine dans la peau déchirée une culture, un ferment de vie pressé de recouvrir. Isaïe voit la peau comme une terre qui recouvrira toujours de végétation le défoncement du soc. Mais le début du vers est encore plus visionnaire : il voit l'aurore comme une surface fendue par la lumière. Le verbe *bakà* est une fente qui libère un jaillissement : des eaux sortent d'une fissure dans le désert, un serpent sort d'un œuf. C'est la langue hébraïque qui est une peau qui s'allonge, bourgeonne, fleurit dans les mains de ses prophètes, poètes de Dieu.

OPPRIMÉS

Il doit bien y avoir encore quelques centaines de détenus et d'exilés à l'étranger parmi ceux qui firent partie de la lutte armée. Ils sont le résidu solide de vies évaporées, vingt ans après ces choix de guerre. Ce ne furent pas les miens, pas plus qu'ils ne furent ceux, en bien plus grand nombre, des hommes détruits par la drogue. À cette époque-là, je tenais beaucoup à la différence entre mon intention de m'engager dans le métier d'ouvrier et la leur. Aujourd'hui ces différences sont réduites à néant, aujourd'hui je sens plus physiquement qu'autrefois que leur souffrance est mon deuil. Je ne peux éprouver aucun sentiment d'appartenance, je ne suis *de* rien. Mais je sens mes lieux d'origine. Par exemple, je viens de Naples et aussi de plus de dix ans de lutte publique dans les rues de l'Italie des années soixante-dix. Je viens de cette communauté où ont grandi aussi ceux qui finirent par s'armer clandestinement. Maintenant ils ne sont plus que quelques centaines, le résidu non dissous d'une génération insurgée et mise en déroute.

Je pense à eux quand je lis ce vers d'Isaïe : « Et renvoyez libres les opprimés et vous briserez tous les jougs » (58, 6). C'est le geste qui plaît à Yod/Dieu, plus que le jeûne rituel, selon le plus grand poète d'entre tous les prophètes. Je ne sais quel est le « vous » qui sera capable de s'acquitter de cette tâche, chez nous. Je doute qu'il existe. Je ne pourrai être membre de droit de cette communauté nationale, tant que les opprimés, les *retzutzìm*, ne reviendront pas parmi nous.

POÉSIE

« La poésie n'est pas un libre déploiement de l'émotion, mais une fuite loin de l'émotion, non pas l'expression de la personnalité, mais une fuite loin de la personnalité. » Par cette phrase, Eliot désappointe ceux qui croient que l'art est un libre et puissant déploiement d'énergies créatrices, un épanouissement de la personnalité. Il voyait dans l'aspiration artistique à peu près le contraire, la destruction de l'individualité de l'artiste.

La vocation fait irruption dans la vie d'une personne souvent peu apte à y répondre et rétive, comme le prophète Jonas par exemple, et l'entraîne loin, mettant dans sa bouche des mots qui ne sont pas les siens. Celui qui veut développer et approfondir sa propre individualité, doit fuir la poésie. Le poète, le prophète, ne s'exprime pas, mais s'imprime dans des êtres humains lointains et inconnus. Il est poussé par un élan qui ne cultive pas sa personnalité, mais l'efface. À sa place s'installe une voix plus antique qui l'expose au danger, à l'incompréhension. À travers lui, celui qui est à l'écoute peut trouver bonheur, salut. Le poète, le prophète ne peut qu'obéir. C'est pour lui un risque imposé : favoriser la dérive d'un appel à s'exclure, renoncer à un maigre soi-même pour être un résumé d'autres volontés.

POÈTES SECRETS

Il existe encore des poètes en Italie. Ils n'envoient rien aux éditeurs, on ne peut en faire le recensement. Parfois, ils écrivent des lettres. Poète à vingt ans, Silvia Vecchini m'a écrit ceci : « Car nous sommes des animaux privés de cirque et nous avons encore un numéro spécial, assurés par un nœud, un saut de destinée à faire pâlir. » Avant de dormir, elle cherche dans sa Bible des « paroles de coïncidence ». Et elle a écrit à un de ses amours difficiles : « Tu es une épine / un lit de pierres / un jour debout. » Je pense à Silvia Vecchini et je sais que la littérature résiste dans ce pays.

Elle s'en va d'une lettre à l'autre, de chambre en chambre, voyage en sac postal et passe au moins une nuit à la belle étoile dans une boîte au coin d'une rue. Il existe une littérature sans droits d'auteur qui a pour seuls lecteurs ceux que désigne l'adresse de la lettre. Silvia Vecchini écrit des choses dures et grandes et supporte l'échange inégal avec un petit écrivain officiel qui répond maladroitement à ses mots pénétrants. Et si je les ai trahis en les montrant à la dérobée c'est parce qu'un journal qui s'appelle *Avvenire* m'a ouvert cet espace et que ces lignes ont paru pour la première fois juste sous le titre du journal. *Avvenire* : il appartient à Silvia Vecchini et la littérature est entre ses bonnes mains et celles des poètes secrets de vingt ans.

POUSSIÈRE

Lorsque les habitants d'un village de Palestine demandèrent à Rabbi Yehuda Hanassi de leur envoyer pour maître un de ses meilleurs élèves, celui-ci leur recommanda Rav Levi, grand érudit et brillant orateur. Le nouveau maître arriva et la foule le couvrit d'éloges, le faisant monter sur une estrade pour y prononcer son premier discours sur la Torah (Loi). Mais quand Rav Levi voulut ouvrir la bouche, aucun son n'en sortit. Son cerveau était vide. La foule tenta de l'encourager par des questions, mais Levi resta muet. Confus et humilié, il revint près de son maître et en lui racontant ce qui était arrivé il ajouta des propos semblables à ceux-ci : « Rabbi, je me rends compte à présent qu'au moment de monter sur l'estrade une vague de fierté m'a submergé, effaçant toutes mes connaissances de la Torah. » Il a suffi d'un léger mouvement d'orgueil, à peine plus qu'une inspiration dont se gonfle la poitrine et toute une vie d'étude s'est brusquement tue. Est un maître celui qui tranche chaque jour le prépuce d'orgueil qui pousse sur la langue de celui qui parle du haut d'une chaire.

Le Traité des Pères, dans le Talmud, enseigne : « Ne fais pas des paroles de la Torah une couronne pour toi, pour te grandir par elles. » L'histoire de Rav Levi montre que la connaissance des Saintes Écritures n'est pas une propriété, pas même des maîtres. Ils peuvent seulement l'héberger et toute leur étude n'est que le petit tapis d'entrée. La Torah ne franchit pas le seuil de celui qui ne l'a pas bien nettoyé tous les jours de la poussière de son orgueil.

PREMIÈRE VUE

En médecine, le cas de Maria Teresa Paradies est bien connu. Devenue aveugle après sa naissance, elle retrouva la vue dans sa jeunesse à la suite d'un traitement magnétique pratiqué par le médecin allemand Franz Anton Mesmer (1734-1815). Ses premières impressions visuelles furent pleines d'effroi. Le visage des hommes la terrorisait et plus encore leur nez.

Un cas plus célèbre est raconté dans l'Évangile de Marc (8, 24). Jésus à Bethsaïde en Galilée prend un aveugle par la main et le conduit hors du pays. Il lui passe un peu de salive sur les yeux, l'aveugle voit et sa première impression qu'il décrit est involontairement poétique : « Oui, je vois les personnes, je les vois comme des arbres qui marchent. » La définition m'émeut car, dans sa fantastique erreur, elle contient une fièvre de vérité. La station debout est l'origine de l'évolution de l'espèce, à partir du moment où elle se dresse définitivement sur ses pieds elle ne ressemble plus à aucun animal mais bien aux arbres. On peut tout à coup apprendre quelque chose de visuel d'un aveugle, du dernier venu au monde de la lumière, qui vient donner une impression, un détail passé inaperçu sur une chose bien connue. Je crois que tout l'art de la littérature est de raconter une histoire qui n'est pas nouvelle, aucune histoire ne l'est plus, avec la virginité d'un aveugle qui la découvre pour la première fois, revenant à la lumière dans un vertige d'émotion. Alors une vie, qui est une histoire parmi tant d'autres, semble tout d'un coup neuve, unique.

JUSTEMENT LUI

En 1918, en pleine Révolution soviétique, le poète russe Aleksandre Blok (1880-1921) écrivit un poème intitulé *Les douze*. À la fin de ces vers un homme portait un drapeau et Blok écrivit que c'était le Christ, nom inacceptable alors aux yeux d'un grand nombre. Il n'était pas croyant, il n'était que poète, c'est-à-dire un homme habitué à des révélations mineures. Il expliqua ensuite, à lui-même et aux autres, le choix de ce nom : « Moi non plus je n'aime pas la fin des *Douze*. Je voudrais qu'elle soit différente. Lorsque j'eus terminé, je m'étonnai moi-même : pourquoi donc le Christ ? Vraiment le Christ ? Mais plus mon examen se faisait minutieux et plus je voyais distinctement le Christ. Je notai alors sur mon journal "malheureusement le Christ. Malheureusement justement le Christ". » Son nom n'est pas un hommage à une puissance inconnue, mais la loyale obéissance à la volonté de la poésie, qui n'est pas liberté, mais tyrannie pour celui qui est poète.

Une œuvre d'art a des vies intérieures souvent inconnues de l'auteur. Parfois son devoir est simplement de ne pas s'opposer, de ne pas freiner, bref de rester un instrument sans prétendre être toujours celui qui joue, qui compose. Le Christ apparaît fugitivement dans le poème de Blok, mais de façon scandaleuse pour l'époque. Le poète s'en excuse, mais ne l'efface pas, il ne censure pas son vers qui lui procurera des ennuis.

« Moi je suis ton Elohìm, il n'y aura pas pour toi d'autre Elohìm devant ma face », dit le premier commandement. Le poète obéit à une loi d'artiste qui est bien plus modeste que ce commandement, mais non moins exigeante. Et pourtant ce n'est pas ce qui enlève de la force au nom de Christ dans son poème, ni ce qui le fait nommer en vain.

RÉALITÉ

J'ai travaillé autrefois comme ouvrier dans un aéroport, au chargement et au déchargement des avions, sur une base militaire. Je voyais autour de moi des soldats américains, ces gens dépaysés, doués pour gagner les guerres, qui s'étaient installés avec armes et bagages et porte-avions dans mon golfe natal, à Naples. Dans un cabinet de la base militaire je lus et recopiai sur du papier hygiénique cette phrase : « Reality is an illusion brought on by a shortage of alcohol » (La réalité est une illusion que procure le manque d'alcool). Je travaillais comme ouvrier par postes de huit heures, j'étais dans les soutes des avions de transport par n'importe quel temps et à n'importe quelle heure. Les hélicoptères de transport n'arrêtaient pas leurs moteurs et on travaillait dans le vent de leur jet. La réalité était un peu ivre. Le soldat écrivait le contraire : pour lui la réalité n'était que l'effet confus d'une abstinence.

Les ouvriers et les soldats ont toujours connu deux choses différentes. La discipline du travail salarié et celle de la caserne ne se ressemblent pas. Aucun ouvrier n'arrive à son travail ivre. Par contre, souvent les soldats n'assurent pas le leur à jeun. Dans ma jeunesse, je n'ai vu que de trop près des agents en service bourrés de brandy. Ils avaient une haleine qui créait une atmosphère. Même si j'ai fini par faire des métiers d'ouvrier plus par hasard que par vocation, je suis content au fond d'avoir sur la réalité une idée différente de celle du soldat américain.

RÈGNE

« Guagliù, che vi site perso », les gars, ce que vous avez raté ! Cette phrase fut écrite le lendemain de la fête pour le premier championnat gagné par l'équipe de Naples. Ce que vous avez raté ! Elle fut écrite sur le mur du cimetière. C'est la pensée la plus affectueuse qui se puisse adresser à ceux qui ne sont plus, un toast porté au passé. Elle renferme, en filigrane, une antique pensée : quels mérites a une génération d'assister à des événements attendus en vain par les autres ? Quels mérites auront les contemporains de la fin du monde, qui verront avec leurs propres sens ce que toutes les générations de chrétiens ont demandé dans la prière du *Pater* : « Fais que ton règne vienne » ? Des personnes qui ont des enfants à élever, des petits-enfants à espérer, prient pour que rien de tout cela n'arrive et que le règne établisse un ordre différent dans leurs vies, les brisant à l'instant. C'est une phrase qui donne le vertige à un homme comme moi, privé de foi, toujours étonné par la force secrète de ceux qui la possèdent. Je voudrais sincèrement qu'ils soient exaucés, que vienne leur règne, unique monarchie forcément meilleure que cette république.

« La fin d'une chose est meilleure que son début », dit Kohèlet, Ecclésiaste. Je suis de son avis. Si nul ne peut être témoin du début, chacun peut l'être de la fin. S'il nous arrivait d'être contemporains de l'avènement final, nous nous retournerions vers les siècles passés, les millénaires, tous nos ancêtres que nous rencontrerions certainement, pour leur dire en les embrassant : « Les gars, ce que vous avez raté ! »

RESTE

On demanda un jour à l'abbé Sieyès, rescapé de la Révolution française, ce qu'il avait fait durant les années de la Terreur. « J'ai vécu. » Des réponses de ce genre ont traversé l'esprit de bien des survivants de persécutions. Mais la question la plus obsédante demeure : « Pourquoi justement moi ? » Pourquoi, justement à moi, m'a-t-il été donné d'en réchapper ? Je n'avais rien de plus qu'eux, je n'étais pas le meilleur, il ne s'est produit aucune sélection naturelle comme entre les espèces animales. Cette pensée a torturé les survivants, peu nombreux, des camps de concentration. Le salut fut gratuit et il fut même insupportable à certains rescapés, du fait de l'impudente insolence du destin. Quelques-uns ont refusé de survivre, d'autres selon leurs possibilités ont essayé d'honorer leur destin, celui d'être devenus un résumé de tous. Tous dans leur solitude ont été Moïse, unique rescapé de la noyade dans le Nil parmi les nouveau-nés mâles de sa génération. C'est pourquoi ils ont essayé de témoigner, peine additionnelle qui ranime l'humiliation et l'infamie subies.

Dans l'hébreu des Saintes Écritures on note une coïncidence entre *sherìt,* le reste et *reshìt,* le début, deux mots très éloignés en italien mais réunis dans cette langue par le lien mystérieux de l'anagramme et de la valeur numérique. Seul Isaïe les rapproche (46, 3 et 10). Sans doute ne peut-on supporter d'être un reste, injustifié et abusif dans ce monde, que si l'on croit à l'impossible dessein qui fait de son propre être résiduel, la matière première d'un début.

SOUVENIR

« Mais les morts ne savent rien du tout et il n'y a plus pour eux de salaire car leur souvenir est oublié » (Kohèlet/Ecclésiaste, 9, 5).

Quand as-tu cessé de mettre de la brillantine sur tes cheveux frisés, noirs et rebelles ? Quand devinrent-ils mous et que du même coup s'émoussa ton geste brusque et têtu pour les dompter ? Ce doit être au moment où disparut de la salle de bains le flacon vert de la brillantine et son odeur sur les brosses. Était-ce après ton infarctus ? Toutes ces questions se bousculent tout à coup dans ma tête, pressantes, indispensables, urgentes. Quand finit la brillantine ? Quelle drôle de question, et pourtant je voudrais te la poser, maintenant. Puis j'entre dans ta chambre et elles me sortent de l'esprit. Dans les derniers jours, tes escarres sécrétaient une graisse de brillantine et tes bandages avaient l'odeur de tes vieilles brosses aux soies courtes. Si Kohèlet a raison et que le salaire des morts n'est rien d'autre que l'évocation de leur souvenir, il m'arrive souvent de te verser mon obole. Dans les jardins de Mostar Est les morts de 1993 sont couchés entre les allées, enterrés sur place. On ne pouvait les porter au cimetière. Si la dernière nouvelle de la vie pour les morts est un piétinement de pas qui s'effacent, alors là, dans les jardins, entre la promenade et le trafic, la vie bourdonne autour d'eux et ne les oublie pas.

RIME SECRÈTE

Le premier vers du psaume 126, un des quinze dits « des montées », est en hébreu un soufflet pulmonaire. Les pèlerins montent à Jérusalem rythmant leur respiration sur ces mots : *Beshùv Adonài et shivàt Tziòn* (quand Adonái ramena les captifs de Sion) *haìnu keȟolemìm* (nous étions comme ceux qui rêvent). Adonái est un des noms de Dieu, Sion est Jérusalem. *Keȟolemìm* (comme ceux qui rêvent) est une expression unique dans les Saintes Écritures. On sait qu'en hébreu les mots ont aussi une valeur numérique, car chaque lettre est aussi un chiffre. Le chiffre de « comme ceux qui rêvent » est le même que *Pèsaȟ*, Pâque. L'identité entre les deux mots est une rime secrète, une coïncidence voulue. Elle enseigne que le retour des prisonniers à Sion est élevé au même rang de solennité que la Pâque et chaque Pâque est une fête de libération. Celui qui, le jour de cette commémoration, récite, lit ou seulement effleure ce psaume, se trouve parmi ceux qui montent à

Jérusalem. Il est « comme ceux qui rêvent », qui n'arrivent pas à croire qu'ils sont à nouveau sur le chemin de la maison, comme certains de nos émigrants de retour d'une longue déportation économique à l'étranger. Jésus va s'immoler à cet anniversaire de libération.

RYTHMES

Dubinushka est un chant russe que l'on entonnait lors d'exécution de travaux pénibles. Loin de là, dans les champs de coton cultivés par les esclaves noirs des plantations du sud des États-Unis, montaient des rythmes et des chœurs, à l'origine de nos chansons modernes. De la vie livrée à la fatigue, il n'est pas sorti uniquement une force de travail, mais aussi du chant. Le corps est un animal musical. Dans mon métier d'ouvrier, quand il me faut cogner longtemps avec la masse et le ciseau, j'ai recours à une rengaine extraite de l'Ancien Testament, du livre de Néhémie, où il est question d'ouvriers qui reconstruisent les murailles de Jérusalem. La phrase qui dans notre langue perd tout son beau rythme nécessaire à la respiration, dit ceci : « La force manque au manœuvre et la poussière est grande et nous ne pourrons pas relever le mur. » En la répétant, je tape avec la masse sur chaque syllabe hébraïque accentuée, réglant ma respiration sur les coups. Le corps se délivre de son fardeau avec une habileté antique, une expérience héréditaire de porteurs, paysans, marins, bergers. À la réflexion, il me semble n'être que le dernier de ses locataires, celui qui l'a reçu en don, fin prêt, et qui, en vivant, le consume. On m'a transmis un corps tel un produit fini sorti de la machine-outil de l'espèce humaine tout entière. À la réflexion, il m'arrive parfois de rater le coup de masse, et l'accent et toute la syllabe et le fer retombent sur ma main gauche. Mon chant secret cesse et il y a toujours la voix d'un camarade, d'un ouvrier à côté qui vient à mon secours en me demandant avec humour : « Tu croyais que c'était ma main ? » (que tu as voulu frapper à coups de marteau).

HIRONDELLE

L'*Hirondelle de l'âme*, Elena Lowenthal et Sarah Kaminski traduisent ainsi la belle chanson de Micol Snunit, *Tzippòr Hanèfesh,* de l'hébreu d'aujourd'hui. Dans l'introduction, on explique que *tzippòr* est plutôt une sorte de volatile qu'une hirondelle. En outre, le mot signifie la bulle soufflée à fleur d'eau qui s'envole ; *tzippòr nèfesh* est aussi l'endroit du corps où la gorge s'enfonce dans la poitrine et laisse un point vulnérable. La rengaine poétique raconte qu'au milieu de l'âme il y a un oiseau, une hirondelle à l'écoute. Personne ne l'a jamais vue, ni vous, ni l'âme ; du reste personne n'a jamais vu non plus sa propre respiration, sauf en hiver quand elle fume dans l'air à cause du gel.

Bien des gens qui n'admettent pas la foi ont pourtant un faible pour l'âme. Ils ne sont pas disposés à la nier entièrement. D'ailleurs l'animisme, qui donne une âme à la vie du monde, est considéré comme un premier symptôme religieux, une réaction organique au mystère.

Quand brusquement on sent près de soi la présence d'une personne disparue ou qu'on plisse les yeux et qu'on serre le poing pour la retenir encore un moment, on s'aperçoit qu'on admet l'existence de l'âme, qu'on l'accueille, comme une aventure toujours possible à tenter. Voici les vers de la fin de l'*Hirondelle de l'âme*, dans ma traduction. « Il convient alors / peut-être tard dans la nuit quand tout autour le calme se fait / de prêter l'oreille à l'hirondelle d'âme qui est en nous / profondément enfouie dans notre corps. »

ROSA

« Je regrette, je le confesse avec beaucoup
de contrition
De n'avoir pas montré trois fois plus
d'audace. »

Ces vers d'un poème de C.F. Meyer étaient un hommage à Hutten, révolutionnaire et humaniste du seizième siècle. Rosa Luxemburg les cite dans une de ses lettres de prison à Mathilde Jacob, du 7 février 1917. Elle lui demande de les écrire sur sa tombe, puis ajoute aussitôt : « Vous avez pris cette déclaration au sérieux, Mathilde ? Eh bien, moquez-vous-en. Sur ma tombe, comme dans ma vie, il n'y aura pas de phrases grandiloquentes. Sur la dalle de mon tombeau, on ne devra lire que deux syllabes : "zvi-zvi". C'est le cri des mésanges charbonnières que j'imite si bien qu'elles accourent aussitôt. Et imaginez que dans ce zvi-zvi qui d'habitude brillait comme une aiguille d'acier et rendait un son très clair et très grêle, il y a depuis quelques jours un trille tout à fait menu, une minuscule note de poitrine. Et savez-vous, mademoiselle Jacob, ce que cela signifie ? C'est le premier léger mouvement du printemps à venir : malgré la neige, le froid et la solitude, nous croyons, les mésanges charbonnières et moi, à la venue du printemps. Et si, par trop d'impatience, il ne devait pas m'être donné de vivre ce printemps, n'oubliez pas que sur la dalle de ma tombe on ne doit lire rien d'autre que "zvi-zvi"... »

Il ne restait plus à Rosa que deux autres printemps avant d'être assassinée. Je ne peux savoir si elle, en tant que juive, savait, se souvenait de l'hébreu ancien, des Saintes Écritures. Je sais que « zvi-zvi » est un son qui ressemble à « splendeur » dans cette langue. Tout à coup, il semble tout à fait approprié à une cellule de prison en hiver, sortant de la gorge en réponse au chant de l'oiseau.

SAMEDI (1)

« Il fait cesser les guerres jusqu'au bout de la terre », c'est ce que Dieu annonce au psaume 46. « Il fait cesser », *mashbìt* : le verbe est celui du *shabàt*, samedi, avec lequel Dieu se reposa le septième jour. C'est un verbe de pause. Parmi tant de verbes plus explicites, le psaume (de David) choisit celui du repos sabbatique. Celui qui a cru que *mashbìt* durerait toujours, qu'il était le garant de la fin des guerres, s'est leurré par besoin d'espérer. Dieu ne peut donner seulement qu'un samedi aux guerres, puis on recommence. Il sait que l'Adàm est une bête qui aime la bagarre, que l'homme est une bête pour l'homme. « Ils sont de vraies bêtes, les uns pour les autres », est-il écrit dans Kohèlet/Ecclésiaste (3, 18). Il le sait depuis Caïn.

J'ai vu la guerre en Bosnie, en passant, en chauffeur de convois. J'ai vu la haine, une cicatrice sur le visage, héritages des pères pour leurs fils. J'ai vu des cimetières d'une communauté éventrés par les décapeuses d'une autre communauté, des réfugiés qui s'enfuient emportant avec eux les restes déterrés de leurs proches. Ce ne sont pas les bombes, ce ne sont pas les décombres, la haine : ce sont les crachats et les pierres sur les voisins en fuite, ceux avec qui, la veille encore, on partageait le marché le jour et la cuite le soir. Les nouvelles nous concernant ne sont pas bonnes, notre Méditerranée est toute salée de sang. Ce que j'ai vu me suffit pour croire que le psaume a raison. Dieu ne peut donner seulement qu'un samedi aux guerres.

SAMEDI (2)

Pour illustrer la puissance du samedi je rapporte une histoire racontée dans un commentaire hébraïque. Deux ermites, père et fils, vivent dans les montagnes, contraints de fuir pour ne par abjurer leur foi. Ils passent de nombreuses années dans la prière et l'abstinence. Ils apprennent un jour que les conditions de vie ont changé dans leur pays et qu'ils peuvent rentrer. Mais à peine ont-ils quitté les montagnes qu'ils s'aperçoivent que leur regard embrase et réduit tout en cendres. La sainteté les a rendus terribles.

Ils reviennent dans leur ermitage pour ne pas détruire le monde. Quelques jours plus tard, ils entendent monter de la vallée des sons et des chants. Ils se montrent et sentent aussi des odeurs de nourriture et de fleurs. Ils décident de sortir et cette fois leur regard est doux et inoffensif pour le monde. Ils apprennent que ce jour est le samedi. Son effet adoucit l'ardeur de leur sainteté. Si le samedi rend les hommes saints, il a aussi le pouvoir de faire devenir hommes les saints.

Qui donne un samedi aux guerres en donne un aux saints également, à eux souvent contraints de s'exclure du reste de l'espèce : afin de pouvoir y revenir.

SATIÉTÉ

« Ce jour-là, vous ne me poserez plus aucune question », dit Jésus, selon Jean (16, 23), en parlant de sa résurrection aux apôtres. Comment, aucune question ? Comprendre l'événement, y participer, marquera la fin des questions, et non pas le commencement ? Chaque fois que j'ai la rare émotion de comprendre quelque chose de plus, je ressens la pression de nouvelles questions, que je n'avais jamais imaginées jusque-là. Comprendre pour moi n'est pas limitatif, c'est une ouverture obligée vers de nouveaux doutes et de nouvelles frayeurs.

Jésus annonce aux siens une perfection que je ne peux imaginer : jamais plus de questions. Il confirme la nouvelle quand il dit à la Samaritaine près du puits : « Celui qui boit de l'eau que je lui donnerai, n'aura plus jamais soif. » Et après le miracle des pains et des poissons, il déclare : « Je suis le pain de la vie. Celui qui s'approche de moi avec foi n'aura plus faim. » La perfection de satiété, même de questions, me laisse perplexe. Le faible élan qui soutient ma pensée n'existe que grâce au continuel aiguillon des manques, des ignorances. Je reste donc un degré en dessous, près d'un vers du Siracide (livre deutérocanonique de l'Ancien Testament) qui, annonçant un attribut de la sagesse, dit : « Tous ceux qui se nourrissent de moi auront encore soif. » Si je dois jamais connaître un temps de vraie intelligence, j'espère ne pas manquer de l'appétit promis par Siracide. J'ai d'ores et déjà bien des questions toutes prêtes.

ERREURS

Mon père, presque aveugle, écrivait des histoires en les tapant à la machine. Il commettait des erreurs qui nous rendaient ses récits brusquement comiques quand nous consentions, de mauvaise grâce, à lui en faire la lecture. La fortune du théâtre napolitain repose sur le mot où l'on bute, sur le défaut de prononciation qui change le sens et produit un effet comique. Au tribunal, l'avocat Anselmo Tartaglia, au lieu de dire : « Tuttavia è ben noto »[1], s'écrie d'une voix de stentor : « Tutti via 'o terremoto »[2], ce qui met la salle du tribunal en effervescence et le public rit.

L'Ancien Testament, dans sa langue hébraïque d'origine, contient une petite dose de mots incompréhensibles, dus probablement à des erreurs de copistes. Les traductions refusent de voir le texte sous cette forme et proposent des corrections diverses, multipliant les

1. « Il est pourtant bien connu. »
2. Littéralement : « Tous dehors, un tremblement de terre. »

hypothèses et les interprétations de ces passages difficiles. Je crois que même les bouts de textes chiffonnés, tachés, font partie de la providence des Écritures. Même l'erreur, s'il s'agit bien de cela, renferme une intention sacrée. Si je ne comprends pas quand je lis, je laisse en blanc. Je taxe volontiers d'incompréhension ma difficulté à saisir le texte. Enfin, je crois que toutes les paroles boiteuses des Écritures sont là pour préparer le rire de Yod/Dieu, l'auteur. Par l'entremise de copistes un peu aveugles ou sourds il a fait dérailler des mots : quand il les entend prononcer, il rit. C'est pourquoi nous ne devons pas les corriger, ni leur chercher une exactitude plausible. Nous devons faire rire Dieu : nous sommes les seuls à y parvenir.

ÉCLATS

Devant le grand couvent franciscain de Sirokj Brieg en Herzégovine se dresse un gros tas de morceaux de cuivre tout enchevêtrés, restes de la couverture d'une église bombardée. Si j'avais été reporter, j'aurais parlé de cette église, des nombreux lieux saints qui ont explosé, pris comme cibles bien avant les objectifs militaires. J'aurais écrit sur l'artillerie religieuse de la guerre de Bosnie qui a tiré sur les minarets, les églises catholiques et orthodoxes. Je préfère regarder les cimetières : éventrés pour que personne n'ait plus de tombe sur laquelle revenir. Je m'approche de deux vieilles cloches posées sur le sol, gueules contre terre. Et je pense qu'elles devraient se balancer là-haut et irradier l'air de leurs vibrations de fer pour sonner les incendies, les heures, les fêtes et les enterrements. Et je suis parti décharger mon camion de vivres à Blagai, petit village musulman sur la Buna, rivière qui prend sa source au pied d'une grandiose paroi à pic. Elle descend ensuite au milieu des saules pour se jeter dans la Neretva. J'ai rincé mes mains salies par les caisses dans son courant et j'ai bu une gorgée d'eau gelée. Puis une femme nous a invités chez elle pour goûter son café et son riz cuit dans des feuilles de vigne. Et j'ai parlé anglais avec un jeune homme du nom de Cevco qui m'a parlé d'un de ses voyages en avion et du détecteur de métaux qui sonnait toujours sur son passage, quand il s'est rappelé, à la troisième fois seulement, qu'il était bosniaque, c'est-à-dire plein d'éclats de grenade. Et depuis trois ans il a aussi un projectile dans le genou, mais il court quand même et joue bien au football. Il se bat depuis qu'il est petit. Il plaisante et raconte des blagues, des *barzellette*, et il me vient à l'esprit pour la première fois que *barzel* veut dire « fer » en hébreu, dans les Saintes Écritures, et lui est plein de *barzellette*. Si j'avais été reporter j'aurais dit des choses plus sérieuses que ça. Par exemple que Cevco n'a que vingt ans.

GRAVÉ

Je traduis quelques vers, pris au hasard, d'un poète israélien contemporain, qui sait extraire la poésie des choses les plus simples. Il s'appelle Aaron Shabtai et j'ignore s'il a été traduit. Voici un choix arbitraire de ses vers : « Je suis d'avis que dans une cuisine / il y a un jardin de l'Eden / de l'intelligence. » « Je serai citoyen / de la nation des oiseaux. » « La sandale est émouvante, / le tissu, lui est / une syntaxe, / le fromage cache une réponse / sur les besoins vitaux. » Ces vers parlent peut-être de Dieu : « Tu sais qu'il n'y est pas / et le savoir / prouve au contraire qu'il y est. » Et il écrit à sa femme : « Tu es le sujet / du citron / du lait, de la farine / des pommes de la terre [pommes de terre]. » « Un anneau ouvre / le cœur / qui est une cafetière cachée / au milieu d'une tresse de paille. » « Des pleurs répandus / aux pieds comme / des diamants / qui deviendront du charbon. » « Mon livre papyrus bien-aimé / frère de la barque / frère du coton. » « La joie est / comme / la main qui se serre / sur les ciseaux qui coupent. » Enfin : « Avoir besoin de faire des tours / comme une vis / avec le désir / d'être gravé. »

Nulle part je n'ai trouvé mieux exprimée la contradiction entre une vie qui s'enfonce comme une vis dans un logement étroit et son désir opposé de rester gravée. On se glisse, selon son filetage, dans une existence fixée par la nécessité et les devoirs, en rêvant toujours de laisser à la surface une trace en creux de notre passage forcé.

SÉLECTION

Il a existé un endroit du monde dans ce siècle où une femme réussit à sauver sa sœur en lui criant de loin : « Donne la petite à maman. » La femme se trouvait dans le camp d'Auschwitz-Birkenau en Pologne et de sa baraque derrière les fils barbelés elle avait vu arriver le train des déportés. Au bout du quai, avait lieu une sélection entre ceux qui étaient jugés aptes à travailler et ceux qui allaient tout de suite dans les chambres à gaz. Des vieillards, des enfants et des mères avec leurs fils mouraient aussitôt. La femme qui savait déjà la leçon pour avoir connu cette sélection, vit descendre d'un des nombreux trains de la mort sa mère, sa sœur et sa nièce. Aussi cria-t-elle, dans l'éclair d'un réflexe, impitoyablement, la seule phrase qui pouvait sauver l'une d'elles. Pour les deux autres, sa mère et sa nièce, de toute façon il n'y avait pas d'espoir. La sœur, ignorant tout, reconnut la voix et obéit mécaniquement au cri.

La sélection eut lieu. C'était l'été 1944, celui de la déroute des nazis sur tous les fronts, mais en Hongrie Adolf Eichmann avait réussi la dernière grandiose rafle de juifs, pour les expédier dans les grandes chambres de Birkenau. La machine à massacrer, la plus grande qui fût au monde, ne devait être arrêtée qu'à l'arrivée de l'armée russe en janvier 1945. Une femme, dans un réflexe fulgurant, donnait à sa sœur le seul conseil, dénaturé, pour qu'elle n'eût pas à descendre les marches menant aux chambres des fausses douches. « Donne la petite à maman » : ce siècle a connu un temps infâme où même cette phrase n'était pas innocente.

REGARDS

L'échange de regards entre un homme et une femme a toujours été une source de risques. Beaucoup de rabbins ne regardent jamais une femme en face, se refusant cette vue selon un usage opposé au voile des femmes arabes, au corps desquelles n'est permis au contraire que cette ouverture. Dans un de ses romans, *Au tribunal de mon père*, Isaac B. Singer fait allusion aux incidents provoqués par cet usage paternel de ne pas regarder en face l'autre sexe.

Dans les sociétés où la promiscuité n'est pas de règle, le pouvoir du regard est incendiaire. Dante succombe à la maladie de Béatrice, transmise par ses yeux. La chanson napolitaine est pleine de regards furtifs capables de fixer des rendez-vous d'un mouvement de sourcils. Et dans *le Cantique des cantiques* la bien-aimée dit : « Tu m'as donné force au cœur par un seul de tes regards » (4, 9).

Une surprenante histoire de regards est arrivée à un moine, au cours des premiers siècles de l'ère chrétienne. Entrant dans une ville inconnue, il prie Dieu de lui faire rencontrer quelqu'un avec qui parler des Saintes Écritures. Il croise tout à fait par hasard une prostituée qui se met à le regarder avec insistance. Pensant ne pas avoir été clair avec Dieu, il se risque à s'approcher et à demander la raison de ce regard. La femme lui répond qu'il était normal qu'elle le regarde, ayant été formée de la côte d'un homme, elle regardait donc sa propre origine. Puis elle ajouta : « Toi au contraire, tu n'as aucune raison de me regarder, tu as été formé de la terre et c'est elle que tu dois fixer. » Bien des explications et des interprétations nouvelles des Saintes Écritures se trouvent sur un trottoir, dans la rue, à hauteur d'homme. Aucune n'est méprisable et une prostituée peut donner une leçon de théologie à un saint homme.

SOLDATS

Il y a quelque temps, Jacob Beser est mort à l'âge de soixante et onze ans. Nul ne s'étonnera de ne jamais en avoir entendu parler. L'histoire cultive d'étranges lacunes. Il y a des gens ordinaires qui se trouvent tout à coup obligés d'accomplir des actions faciles et atroces. Ils les exécutent et puis leurs noms tombent dans l'oubli. Dans leur cabine ils ont des photos d'actrices, ils ne se soûlent pas et sont d'habitude de bons mécaniciens. Et puis la guerre est faite pour obéir aux ordres. Et un matin d'août Jacob Beser se rend avec son avion au-dessus d'une ville de 13 500 habitants au kilomètre carré. C'est une des plus grandes densités d'êtres humains, tous concitoyens. Et il fait tomber une bombe fabriquée avec un élément jamais utilisé jusque-là par l'artillerie, l'uranium. La ville se défait sous une chaleur d'autres planètes, son nom est Hiroshima. Jacob Beser a été le premier homme à voir en secret l'effet produit par : une bombe atomique sur une ville. C'était en 1945. En janvier, les

Russes étaient entrés à Auschwitz et le monde avait dû cesser d'affecter de ne rien savoir. En août, le largage de Beser avait clos la guerre sous la plus grande brûlure artificielle, inaugurant le futur. La guerre moderne s'est spécialisée dans les exterminations de civils. Il est triste d'être soldat dans ce siècle. Jacob Beser est un nom qu'on devrait connaître quand on part au service militaire.

C'EST MOI

Quand il était jeune, Shneur Zalman étudiait avec le rabbi Dov Ber. Un soir, il alla frapper à la porte de son maître pour l'interroger sur un passage de l'Écriture qu'il était en train d'étudier. Le maître, avant d'ouvrir, demanda : « Qui est là ? » « C'est moi », répondit le jeune Shneur. Le maître répéta sa question : « Qui est là ? » et le jeune homme répéta plus fort : « C'est moi. » À la troisième question finalement Shneur Zalman dit son nom. Le maître ouvrit la porte et, une fois leur conversation terminée, il dit au jeune homme que le temps était venu pour lui d'entreprendre un *oprichten goles,* un exil volontaire, c'est-à-dire de s'en aller par le monde comme un pèlerin, avant de revenir vers lui. Zalman voyagea. En chemin, il s'arrêta un jour dans une taverne. Cette nuit-là précisément des voleurs dérobèrent toute l'argenterie du propriétaire et le lendemain l'aubergiste s'en prit au jeune Shneur, l'empoigna en lui ordonnant d'avouer que c'était lui le coupable. « Ce n'est pas moi, ce n'est pas moi », cria l'innocent plusieurs fois avant de réussir à grand-peine à s'échapper de cet endroit. Quand il raconta ses voyages à son maître ainsi que cet épisode, il l'entendit lui dire : « Tu as dû crier plusieurs fois “ce n'est pas moi” pour compenser ta prétention d'avoir dit “c'est moi”. »

Il est beau d'avoir quelqu'un, ami, maître ou passant inconnu, qui donne aux mésaventures, aux malheurs, le fil conducteur qui permet de remonter à la source d'une faute commise, d'une erreur oubliée. Alors on peut tirer profit même de la malchance et lui donner un sens. En fait, c'est souvent d'œufs inconnus que sort l'oiseau de rapine et de ruine.

CHANCE

« Donne la chance à ton fils et jette-le à la mer », dit un proverbe espagnol. Tu peux bien le jeter à la mer, mais si tu lui as donné un peu de chance, il s'en tirera toujours. La préparation, la compétence, peuvent réduire la marge d'accident et de danger, mais ne l'éliminent jamais. Ce petit sel bleu, le grain de chance, il le faut toujours.

Dans le plus solennel des traités de mystique hébraïque, le *Zohàr,* figure une phrase qui sonne vraiment comme un blasphème : « Tout dépend de la bonne fortune, même le livre de la Torah qui est dans le Temple. » Ici bonne fortune, *mazzàl,* est une influence céleste, une brise sur les épaules qui aide à aller de par le monde d'un pas rapide. La bonne parole hébraïque *mazzàl,* vient d'un verbe qui veut dire : « couler », un écoulement d'eaux courantes qui suivent une pente naturelle. Alors, avoir de la chance c'est être dans le flux, le capturer même, comme le font les surfeurs des grandes vagues de l'océan dans leur course pour en chevaucher la crête, l'atteindre et se laisser porter par sa puissance jusqu'au rivage.

« Donne la chance à ton fils et jette-le à la mer » : s'il prend le cran de la vague et qu'il y reste, même la mer gigantesque ne lui fera pas peur.

SOUS LE GRIS

Au cours d'une promenade avec un ami, le peintre Paul Cézanne dit : « Un artiste doit faire son œuvre comme l'amandier fait ses fleurs, la limace sa bave. » Son plus grand effort devait paraître aux autres la chose la plus naturelle. Il passait ses touches de pinceau de droite à gauche, si concentré sur la couleur qu'il lui semblait avoir les yeux cloués : « Je ne peux les arracher de là. Ils sont si collés sur le point que je fixe qu'il me semble les voir saigner. » Il n'eut pas de maîtres. Devenu vieux, les enfants lui lançaient des pierres. Ce fut un homme robuste. Il aimait cette phrase de l'*Émile* de Rousseau : « Il faut que le corps ait de la vigueur pour obéir à l'âme. Un bon serviteur doit être robuste. […] Plus le corps est faible, plus il commande ; plus il est fort, plus il obéit. […] Un corps débile affaiblit l'âme. » Déjà âgé, à un critique qui exprimait son enthousiasme pour ses tableaux, il dit en lui prenant la main d'un air grave : « Je suis un homme simple, on ne doit pas me faire de compliments, mentir par politesse. » Le critique répondit qu'il était de bonne foi et qu'il regrettait de s'être mal exprimé. Alors, assuré de sa sincérité, Cézanne se mit à pleurer. Il mourut pour s'être exposé à un orage dans la campagne qu'il voulait peindre. Il y a des œuvres qui imposent nécessairement de telles vies. Rilke écrivit à son sujet : « Le gris n'existait pas en tant que couleur, lui, il creusait en dessous et découvrait le violet et le bleu, le rouge et le vert. » Puissions-nous aussi être un peu artiste pour gratter le gris et en extraire un gisement de couleurs.

SPECTATEURS

Michael Guillen, enseignant de mathématiques à Harvard, a écrit que celui qui n'a pas de pensée mathématique est réduit à l'état de simple spectateur du monde. Je ne sais pas bien ce qu'est une pensée mathématique, ni si elle peut relayer une pensée religieuse, artistique. Mais je ne crois pas qu'être spectateur du vaste monde, d'ordinaire payant de sa personne, soit peu de chose. Nous sommes moins que ça, bien au-dessous du rang méprisé par le mathématicien. Nous sommes un lest numérique pour accapareurs de votes, une matière inerte de recherches de marché et de comptabilité d'audiences télévisées. Même en tant que touristes nous ne parvenons pas à être spectateurs du monde, mais troupeaux de vols charters sur des parcours obligés, œillères incluses dans le prix. Autrefois un livre de l'écrivain américain Jack Kerouac, *Sur la route*, eut beaucoup de succès. Il parlait du monde rencontré en vagabond, auprès duquel nous sommes des passants lents, sans la moindre prétention, fils de la fantaisie des pionniers mais sans aucune frontière à inaugurer. Il suivait à la lettre la recommandation de Jésus, écrite dans un Évangile apocryphe : « Soyez de passage. » Kerouac était bien un spectateur du monde. Il ne voulait pas lui enseigner les bonnes manières, ne voulait pas le posséder ou le démonter par une pensée mathématique ou politique. Il le laissait tranquille et il trinquait à sa santé, beaucoup. Il en est mort et n'a sans doute fait de mal à personne d'autre qu'à lui.

STATIONS

« Immanuel » veut dire : « El est avec nous. » El est l'abréviation d'Elohìm, un des noms de Dieu. Immanuel, Emmanuel, a fini par trouver sa place dans les registres d'état civil modernes. Mais le nom inauguré par Isaïe (7, 14) n'a pas été porté dans l'Ancien Testament. La phrase d'Isaïe dit : « La jeune fille accouche et donne naissance à un fils et l'appellera Immanuel » : c'est l'annonce de temps tourmentés. Il n'a pas eu un chemin facile dans les traductions de ce siècle. Les nazis l'ont utilisé pour leur slogan : « Gott mit uns », Dieu avec nous, bonne version d'Immanuel. Ils le crièrent et le prétendirent, mais Dieu n'était pas avec eux, même si pendant un temps suffisant pour exterminer des millions de personnes, il a semblé que Dieu n'était avec personne.

Tandis que les bourreaux se grisaient de l'erreur de croire que Dieu était avec eux, les victimes reprenaient à leur compte la question désespérée de David au début du psaume 22 : *Elì, Elì, lamma azavtàni,* mon El, mon El, pourquoi m'as-tu abandonné ? Jésus prononce le même vers en araméen (*lamà sabactàni*) au plus fort de son supplice. Entre ce vers et l'Immanuel, entre lc sentiment d'avoir été abandonné et la puissante certitude d'un Dieu près de soi, se répartissent toutes les stations de la foi. Les croyants, qui selon le participe présent du verbe, sont des personnes qui croient tous les jours et non des personnes qui ont cru une fois pour toutes, les croyants ont sûrement connu les deux extrémités. En physique, elles détermineraient un champ magnétique, par contre dans le domaine de la foi elles coïncident avec le centre, elles sont le même lieu.

HISTOIRE

La différence la plus évidente pour moi entre Machiavel et Guichardin tient au fait que le premier croit à la valeur instructive des exemples historiques, à la possibilité d'appliquer au présent les leçons du passé, et l'autre non. Les *Discours sur la première décade de Tite-Live* écrits par Machiavel sont une formidable gymnastique de l'Histoire : les événements de la Rome antique deviennent une barre sur laquelle faire exécuter des tractions aux contemporains pour se hisser à la hauteur de l'exemple. Guichardin croit que chaque situation est si différente des autres, par « nuances et exceptions », que « c'est le discernement qui les enseigne ». Je me sens plus proche de Guichardin. L'Histoire est une belle anthologie narrative, qui n'a plus cours ou presque. Clio, la muse grecque de l'Histoire, vient de deux verbes homonymes, *kleio*. L'un signifie « fermer », l'autre « célébrer », sens qui trahissent la faible valeur d'usage de l'Histoire. Et puis on la change, on la retourne et on la récrit presque chaque jour, tantôt en la réhabilitant, tantôt en la démolissant. Ce dicton polonais dit vrai qui constate sans plaisanter que : « Chez nous, seul le futur est certain, le passé change sans cesse. » Tous les jours quelque nouvelle révélation vient le corriger.

Pourquoi donner un sens à l'Histoire ? Je laisse la réponse à un moraliste français selon qui on ne supporterait pas de s'avouer qu'un nombre considérable d'êtres humains, chacun porteur de toutes les potentialités de l'humanité, ont été massacrés inutilement, absolument pour rien ; on se mettrait donc en quête d'explication. Comme l'Histoire ne s'arrête pas, il serait toujours aisé de trouver un sens évident dans sa continuité, et de faire en sorte qu'elle en acquiert de la dignité. Mais la vérité n'a aucune dignité.

SUR TOI

« Alors j'ai dit, voici que je viens : dans le rouleau du Livre il est écrit à mon sujet… » C'est la belle surprise de David dans son psaume (40, 8) : dans le livre sacré il y a des mots qui me concernent. Tout lecteur des Saintes Écritures a fait l'expérience de David, celle de se sentir appelé par un passage quelconque de ce livre. C'est l'émotion de Nathanaël (Jean, 1, 47 et suiv.) qui se sent appelé par Jésus, quand celui-ci lui déclare qu'il l'a vu étendu sous le figuier. Son élan de foi envers Jésus ne vient pas de l'avoir vu, mais d'avoir été vu par lui. Lire les livres sacrés procure parfois la surprise de se trouver soi-même dans certains vers. Alors on se sent touché comme on peut l'être en été par le fragment de comète qui s'enflamme sous nos yeux écarquillés dans l'obscurité.

À une plus petite échelle, il se passe quelque chose du même genre avec les œuvres littéraires. Je cherche dans les livres la lettre, la phrase qui a été écrite pour moi et que donc je souligne, je recopie, j'extrais et j'emporte. Il ne me suffit pas que le livre soit captivant, connu, ou que ce soit un classique : si je ne suis pas moi aussi un peu l'idiot de Dostoïevski, ma lecture est vaine. Car le livre, même la Bible, appartient à celui qui le lit et non en vertu d'un droit acquis à l'achat. Car tout lecteur a la prétention que dans le rouleau du Livre il y ait quelque chose écrit à son sujet.

SURCHAUFFE

Dans les *Aventures du capitaine Singleton*, Daniel Defoe (1660-1731) parle d'une fièvre tropicale qui fait délirer les marins et leur donne des visions et des hallucinations. L'effet le plus fréquent était de voir la mer comme un grand pré et d'avoir envie de s'y rouler. Defoe désigne cette fièvre d'un mot espagnol : *calentura*, bouffée de chaleur. J'ai moi aussi éprouvé ce genre de sensation quand j'ai attrapé la malaria en Afrique, avec ses quarante et un de fièvre qui me faisaient claquer des dents à l'équateur et brouillaient ma vue. Je m'imaginais alors être dans un refuge de montagne, engourdi après une bourrasque. Je demandai de la grappa et je croyais sentir des aiguilles de conifères sous l'odeur de mes aisselles. Les *calenture* sont de malheureuses aventures adoucies par des éblouissements agréables.

Dans le livre Exode/Noms, les juifs se retrouvent au pied de la montagne de la révélation. Ils sentent la présence de Dieu, ils sont impatients de le rencontrer et se pressent en foule vers les pentes. Mais quand du sommet de la montagne ils voient du feu, de la fumée, accompagnés d'un tremblement de gradins et d'un son lacérant de cor, ils chancellent et se tiennent à distance, laissant à Moïse tout l'impact de la *calentura*. Il y a des degrés dans la foi comme dans la température et bien peu supportent les brusques embardées du thermomètre. Nos fièvres contiennent une petite partie de la température que Moïse éprouva durant sa quarantaine auprès de Dieu. C'est bien de faire tomber la fièvre, de guérir, mais pas trop vite, sans trop d'ardeur pharmaceutique.

ALLEMAND

Paul Celan est un poète de ce siècle, né en Bucovine, région boisée des Carpates qui, dans la première moitié du vingtième siècle, a changé sept fois de nationalité, ballottée entre les Autrichiens, les Russes, les Allemands et les Roumains. Paul Celan était juif, il écrivit en allemand et se suicida à Paris à la fin du mois d'avril 1970. Je traduis un de ses poèmes intitulé *Psaume*.

« Personne ne nous repétrit de terre et d'argile, / personne ne discute notre poussière. / Personne. / Loué sois-tu, Personne. / Pour ton amour nous voulons / fleurir. / Contrairement à toi. / Un rien / fûmes-nous, sommes-nous et restons-nous, en fleurissant : / la rose de-Rien / de-Personne. / Avec le crayon clair de l'âme, / le fil de poussière dans le désert du ciel, / la couronne rouge / des mots de pourpre que nous chantons / au-dessus, mais oui, au-dessus / de l'épine. »

J'ai éprouvé une forte aversion pour l'apprentissage de l'allemand, solennelle langue de pensées et de vers, rabaissée au cours de ce siècle au rang de langue-mère des pires bourreaux de l'humanité. Ma génération venue ensuite n'a pas pu l'écouter sans le réflexe conditionné des cris, des ordres, des massacres commis en allemand. Je m'en souviens comme d'une langue entendue avec ennui, avec répulsion même, chez les touristes qui essaimaient dans l'île des étés de mon enfance au Sud. Je ne l'ai étudiée qu'en passant pour arriver au yiddish. La langue de Celan m'a guéri par la suite de mon dégoût. J'ai recommencé à la feuilleter, muette et forte, chez Rilke, chez Heine. Les poètes sont plus forts que le bourreau.

TEMPÉRATURE

Dans une page du très beau livre *Voyage sentimental*, de l'écrivain Laurence Sterne (1713-1768), il est écrit : « Il n'y a personne qui ne puisse par hasard faire une action qui annonce un bon naturel ; mais, quand les actions de ce genre se multiplient, c'est l'effet du caractère et du tempérament. » Dans l'impression très soignée des éditions Cronopio, il existe un volume entier de notes du traducteur et éditeur, Giancarlo Mazzacurati. Reprenant un passage de la version originale où il est dit en anglais *temperature*, il explique les raisons qui l'ont conduit à préférer la traduction du mot par « tempérament ». Sans vouloir mettre en doute son indiscutable compétence, je préfère lire « température ». Tout cet ensemble de gestes spontanés de sollicitude, d'intentions empressées envers une personne inconnue, témoignent d'une chaleur intérieure, d'une température du sang. Dans le récit de Sterne il y a aussi la surprise de l'obligé et son désir d'observer sous ses doigts le battement du pouls de la dame, pour mesurer le rythme et la pression de cette chaleur humaine qui s'est révélée amicale à son égard. C'est un geste un peu ridicule, mais à la hauteur de l'échange. C'est pourquoi je préfère conserver « température », qui est une grâce physique alors que le tempérament doit déjà tenir compte de l'éducation. Celui qui, comme moi, ne possède pas du tout cette température, et qui peut tout au plus s'attribuer un tempérament, se réjouit chaque fois qu'il la rencontre, même dans un livre.

TÉMOINS

« Parfois ils allaient troubler les solennités et profaner les temples du paganisme dans le but d'exciter les plus zélés des idolâtres à venger les outrages [...]. D'autres fois, ils faisaient irruption dans les tribunaux et contraignaient les juges terrifiés à les faire passer immédiatement en jugement [...]. Ils arrêtaient les passants dans les rues et les obligeaient à leur donner le martyre avec la promesse d'une récompense s'ils acceptaient et la menace de la mort immédiate s'ils refusaient [...]. À défaut de mieux, ils annonçaient le jour où ils se précipiteraient de quelque très haut rocher et on montrait des précipices rendus célèbres par les nombreux suicides religieux. » C'est ce qu'écrit l'historien anglais Gibbon à propos de la secte des donatistes, chrétiens schismatiques dans l'Afrique du quatrième siècle. Leur ferveur était assoiffée de martyre. Les martyrs, comme dit le mot grec, sont des témoins, des personnes appelées par quelque autorité à faire une déposition spontanée. Les donatistes renonçaient à leur vie par soumission à un appel. Quel que fût celui-ci, authentique ou présumé, ils réagissaient avec l'impatience de répondre. Aujourd'hui, les suicides semblent provenir au contraire d'un manque total d'appel, de la très vive, insupportable expérience d'une exclusion. Comme les oubliés d'un appel, ils s'élancent hors du monde, laissant à ceux qui restent la charge de les nommer, de témoigner de leur absence. Pour beaucoup d'entre eux, il ne nous est possible de répondre qu'en récitant un passage d'un poème d'Ungaretti :

« Et peut-être suis-je seul à savoir encore qu'il a vécu. »

CRAINTE

Les Saintes Écritures reviennent souvent sur le sentiment de la crainte de Dieu. De toutes les émotions religieuses, c'est celle qui s'est le plus affaiblie au cours des temps modernes. Ceux qui ont la foi préfèrent alléguer d'autres manifestations de leur attachement. La crainte semble un sentiment inconvenant, irrationnel, antique. Et pourtant l'immense qui nous domine ne peut absolument pas être apaisé, apprivoisé par l'amour. La crainte de Dieu dans les Écritures est une panique céleste, la réponse des nerfs à un ordre central lointain et abyssal : les membranes et les ganglions spinaux vibrent, aussi vite que les oreilles du chien se baissent. Et elle ne décourage pas, n'affaiblit pas, elle libère plutôt une grande force car celui qui craint Dieu ne peut craindre autre chose, craindre par exemple l'Adàm fait de terre et sa descendance humaine.

Le quatrième vers du psaume 130 enseigne aussi : « Puisque près de toi est le pardon, pour que tu puisses être craint. » Il y a ici un autre aspect de la crainte que l'on doit à Dieu : non parce qu'il est le seigneur de l'immense, dispensateur de vie et de mort, mais parce que de lui dépend le pardon, *selihà*. Crains le juge, non parce qu'il peut te condamner, mais parce que de son pouvoir dépend la remise de tes fautes. Il a dit à Jérémie : « Car je pardonnerai à ceux que j'aurai fait demeurer de reste » (50, 20) : celui qui est pardonné a d'abord été gracié, laissé en vie, mis de côté comme un reste sauvé. Cette puissance gigantesque du pardon pèse bien plus que l'immense et renforce, en celui qui croit, la crainte de Dieu.

TOURISTES

Un célèbre présentateur de la télévision a reconnu au cours d'une interview qu'il se sent gêné d'être italien chaque fois qu'il croise un groupe de compatriotes dans un aéroport étranger. Chacun a des raisons personnelles d'avoir honte de son propre peuple : que ce soit à propos de la fraude fiscale, du racisme ou de la mafia. Le présentateur éprouve en fait cet étrange malaise totalement inconnu de ceux qui ne fréquentent pas les aéroports étrangers. Son exagération contient un élément de vérité : le spectacle humiliant des touristes, pas forcément de chez nous. Ils passent de main en main comme des bagages, de l'agence de voyage à l'hôtel, au guide local ; tous les sourires qu'ils reçoivent sont payants. Il leur est interdit, en vertu sans doute d'une clause secrète, tout contact humain en dehors du manège d'un échange au marché noir ou du pénible jeu de la remise sur le souvenir acheté avec l'idée de faire une bonne affaire. Ils sont aveuglés par la méfiance et les vaccins, ils régressent au stade infantile du balbutiement en langue étrange plus qu'étrangère. Ils incarnent le vers du Livre dit Sagesse : « Aussi, comme à des enfants sans raison, tu leur as envoyé un châtiment déguisé en jeu » (12, 25).

C'est aussi l'effet de la vitesse de déplacement d'un continent à l'autre : elle ne laisse pas le temps de s'adapter au voyage, on est déjà arrivé. Naguère, la lenteur offrait le dépaysement utile, le loisir d'abandonner ses habitudes domestiques pour adopter celles, précaires, provisoires, du parcours. Naguère, les distances étaient une partie féconde du voyage, du but. Aujourd'hui, elles ne sont qu'une gêne entre deux points. Que faire ? Sortir du parcours, se mettre sur le côté, rompre les rangs, aller comme des pèlerins en quête d'hospitalité. Découvrir la dignité des voyages à Lourdes où l'on se rend en mendiants, la prière tendue, la main vide.

IVRES

Aucune génération de la Méditerranée n'a été privée de l'expérience d'un tremblement de terre. Néron lui-même, poète dilettante, essaya de le décrire dans un vers assez habile : *sub terris tonuisse putes*, tu croirais que le tonnerre gronde sous terre. Plus on est méridional sur cette mer et plus on a dansé souvent la tarentelle du sous-sol. Chez nous, les histoires varient entre celles de fantômes aux noms familiers de « munaciello » [1], « pacchianella » [2], et celles de fuites, comiques et désespérées, hors d'une maison secouée par un tremblement de terre. Mes parents ajoutaient au répertoire les aventures de guerre, les nombreux bombardements nocturnes et diurnes sur le polygone de Naples. J'étais donc là moi aussi ce dimanche de l'automne 1980, quand le golfe se mit à vibrer à l'unisson, nous faisant tous nous précipiter dans l'escalier. J'avais dans les bras

1. Moinillon.
2. Jeune paysanne.

mon neveu qui n'avait pas encore compris à quel jeu nous étions en train de jouer, et je descendis trois étages pour arriver dans la rue. Alors seulement le golfe s'arrêta. La secousse dura plus d'une minute. Pendant ce laps de temps, chacun ressentit le vertige d'une perte d'équilibre, un besoin de se tenir pour ne pas tomber, une ivresse d'hommes sobres. Les Saintes Écritures connaissent les tremblements de terre. Comme toujours, je m'en remets à Isaïe, le plus grand poète sismique de la Méditerranée qui tente de saisir le son en même temps que le sens : *raà hitroaá* (fendre s'est fendue) la terre, *por hitporerà* (rompre s'est rompue), *mot hitmotetà* (chanceler a chancelé) et puis : « tituber, la terre titubera comme un homme ivre » (24, 19 et 20). Voilà : ce n'est pas nous, puces du sol, qui étions ivres, mais la terre, sous l'effet de quelque vin bouillant englouti dans un accès de colère.

UNE SEULE CHOSE

Certains vers des psaumes ont une puissance poétique dans un espace très mince : « Ceux qui sèment dans les larmes, moissonnent avec des cris de joie » (*Hazzorìm bedimà berrinnà iktzòru*). La beauté du vers n'est pas tant dans la joyeuse fin annoncée, la consolation d'une heureuse récolte après les tribulations. La première moitié du vers, « ceux qui sèment dans les larmes », enseigne plutôt que les larmes peuvent être une semence. Le psaume 126 parle d'exil et de prison pour les juifs déportés loin d'Israël. Il dit que même cette expérience d'affliction peut être un temps précieux. Les larmes qui tombent à terre font le même voyage que les graines. Les larmes peuvent tomber dans un sillon fertile. Dans le malheur, la créature humaine peut croire à sa peine comme le paysan à la semence. C'est le plus précieux des secours. Le dernier vers du psaume confirme cette pensée et enseigne : « Il marche tout en pleurant, celui qui porte la semence des semailles, puis il revient avec des cris de joie, quand il porte ses gerbes. » Dans la brève rafale de verbes répétés, signe en hébreu de certitude, la reprise du verbe « porter » dans les deux parties du vers, « porte », adresse au ciel dans une même offrande les deux temps des larmes et de la joie, car là-haut c'est une seule chose.

ŒUFS

Au seizième siècle paraissait le *Pantagruel* de Rabelais. Au chapitre « l'île des proverbes », les dictons sont représentés sous une forme narrative. Toujours au même siècle, les *Adages* d'Érasme, environ huit cents proverbes, se vendent bien. Un autre recueil, œuvre de Johannes Agricola, est diffusé dans les mêmes années. C'est une époque où la pensée laïque cherche dans la sagesse populaire ou dans les textes classiques une indépendance vis-à-vis de la théologie. En 1559, Pieter Bruegel peint *Les Proverbes des Pays-Bas,* accumulant sur une seule page en toile un prodige de citations et de modèles de scènes. Plus tard, en 1568, il peint *Le Voleur de nids d'oiseau,* illustration du proverbe hollandais : « Qui sait où est le nid a la connaissance, qui le prend a le nid. » C'est un proverbe clé, le début des temps modernes. Bruegel isole et agrandit le détail décisif de la future production de marchandises : la division des tâches entre celui qui pense la machine et celui qui la construit, entre celui qui a le savoir et le pouvoir des moyens, et celui qui exécute le travail. Le proverbe de Bruegel a seulement l'ingénuité de croire que celui qui fait le travail manuel de prendre le nid sur l'arbre en profite ensuite. Les temps modernes montreront au contraire que l'ouvrier n'a pas sa part dans le produit fini. Le fruit du nid ne reviendra pas à celui qui fait, mais à celui qui « sait » et à celui qui « a », les œufs seront à lui, du moins jusqu'à la grande fermeture des usines, une fois l'omelette faite.

VAS-Y DOUCEMENT

« Avec une mâchoire d'âne j'ai tué mille hommes. » C'est le résultat éclatant et un peu fanfaron proclamé par Samson après avoir abattu tout seul une quantité démesurée de Philistins (Le livre des Juges, 15, 16). Ce morceau d'anatomie n'a jamais servi dans un autre combat. Samson rend célèbre l'avènement de l'arme impropre. Avant lui, on sait qu'un autre homme valeureux, Samgar, armé d'un aiguillon à bœufs, avait abattu six cents Philistins, d'après le livre des Juges (3, 31). Un autre exemple moins connu est celui du brigand Angelo Duca, dit Angiolillo, qui finit pendu à Salerne en 1784. Il n'avait pas la carrure de Samson, ni l'énergie sacrée et mystérieuse qui présidait à ces terribles entreprises, mais, toutes proportions gardées, il était bien connu pour son courage et sa générosité d'âme, comme il convenait aux brigands d'autrefois. Un soir, il fut surpris dans une auberge par une troupe du roi. Il était seul et réagit en homme seul. Il eut le dessus en portant des coups terribles avec le seul secours d'une belle arête de morue séchée, suspendue dans la pièce. Je ne connais pas d'autres exemples d'usage improvisé d'armes impropres. De nos jours, on fait des ravages avec l'utilisation impropre des automobiles. Ainsi ces petites histoires prennent tout à coup une valeur de conseil : vas-y doucement. Ne te transforme pas en mâchoire d'âne mort, en arête de morue séchée. Bon voyage.

YIDDISH

Je traduis du yiddish cette poésie, écrite par une juive russe de notre siècle. La langue parlée par 11 millions d'habitants en Europe avant l'extermination, et disparue maintenant de notre continent.

« Dieu de miséricorde / choisis-toi un autre peuple / en attendant. / Nous sommes las de mourir et de morts / nous n'avons plus de prières / choisis-toi un autre peuple / en attendant. / Nous n'avons plus de sang / pour être sacrifiés. / Un désert s'est fait de notre chambre. / La terre est chiche de tombes pour nous / plus de chants funèbres pour nous / plus d'hymnes de lamentation / dans les vieux livres. / Dieu de miséricorde / sanctifie une autre terre / une autre montagne. / Nous avons déjà couvert tous les champs et chaque pierre / de cendres saintes. / De vieux / et de jeunes / et d'enfants est payée / chaque lettre de tes dix commandements. / Dieu de miséricorde / déride ton sourcil ardent / et vois les peuples du monde / donne-leur des prophéties et “les jours de la peur”. / Dans toutes les langues on murmure ta parole / enseigne-leur les œuvres / les voies de la tentation. / Dieu de miséricorde / donne-nous des vêtements simples / de bergers de troupeaux / de menuisiers avec leur marteau / de lavandières, d’ouvriers du cuir / et de plus frustes encore. / Et fais-nous une autre grâce / Dieu de miséricorde / retire-nous cet air de sagesse » (Katia Molodovsky, 1894-1975).

ZIGZAG

Un soir de 1987 le poète russe Joseph Brodsky se retrouva dans une belle salle de la mairie de Stockholm pour prononcer son discours d'acceptation. Il avait reçu le prix Nobel, à moins de cinquante ans, en plein exil. À la fin de sa brève intervention, il dit : « La route qui mène de Saint-Pétersbourg à Stockholm est terriblement longue, mais après tout, pour quelqu'un qui fait mon métier, l'idée qu'une ligne droite représente la distance la plus courte entre deux points, a perdu son charme depuis longtemps. »

Cette pensée peut être utile à des jeunes qui, à partir de leur éternel point de départ, sont impatients de se voir déjà à quelque ligne d'arrivée, à quelque précieuse station de leur juste ambition. Ils cherchent la ligne directe, la plus courte, poussés par l'impatience de leur âge et leur confiance dans la ligne directe des voyages. Il n'en va pas ainsi. Entre ces deux points s'écoule la vie qui est une digression continue, une divagation imperturbable qui a besoin d'obstacles, de renoncements, de bonne fortune et de malheur aussi, pour s'accomplir. Ce n'est qu'à partir d'un arbitraire point d'arrivée que l'on peut croire à un parcours, donner ce nom à l'enchevêtrement de ses propres jours. Stockholm n'est pas le terminus de Saint-Pétersbourg, mais seulement une occasion de regarder en arrière. Du capharnaüm du passé ne ressort pas la ligne hachurée d'un dessin, mais la force possédée par le point de départ, l'énergie contenue dans le préambule. Alors, d'un arbitraire point d'arrivée, lit d'hôpital, cellule de prison ou dîner à la mairie de Stockholm, prétexte pour regarder en arrière, chacun peut reconnaître la sagesse d'un destin au chemin toujours sinueux et qui, pour s'accomplir, ne suit pas de cap, mais dérive.

TZIGANES

« La méthode la plus simple consiste à accrocher à chaque convoi [de juifs] quelques wagons de tziganes. » C'est ce qu'écrit en 1939 le criminel nazi Adolf Eichmann, chargé des déportations. Les Allemands exterminèrent aussi systématiquement les tziganes sur le territoire européen occupé, soit environ un demi-million de vies. La spécialiste turinoise Giovanna Boursier a reconstitué dans une récente étude la navrante histoire des lois, des rafles, des déportations à Treblinka et à Auschwitz-Birkenau, où plus de vingt mille furent enfermés dans une section de baraquements. Et la dernière nuit de juillet 1944, les quatre mille tziganes du camp qui restaient furent poussés dans les chambres de l'asphyxie.

Quand on parle de race on introduit toujours un critère zoologique en politique. Certains scientifiques nazis, comme une certaine Eva Justin, prétendirent même isoler de manière théorique un gène du nomadisme dans le sang tzigane. Les scientifiques savent être les dociles instruments de n'importe quel régime, comme toute autre profession. Une fois l'extermination achevée, dans les années d'après-guerre, on refusa aux tziganes le statut de victime raciale, réduisant leur massacre à un problème d'ordre public, de prévention de la criminalité. Une extermination de précaution : c'est un concept approprié à qui l'a commise, mais inconcevable dans la période d'après-guerre. Ce n'est que sous l'angle d'une économie de dommages de guerre et d'indemnisations que l'on peut comprendre pourquoi l'Allemagne fédérale, dans un souci d'épargne, a exclu les tziganes des droits des victimes.

La phrase d'Eichmann accroche le destin des tziganes au bout du train des massacres. Non seulement ils ont habité à la lisière de nos villes, mais même en tant que victimes ils sont restés en marge de notre maigre miséricorde.

TABLE

Rivages poche /Petite Bibliothèque
Collection dirigée par Lidia Breda

L'Art de ne croire en rien (n° 392)
Sefer Yesirah ou Le livre de la Création (n° 387)

Giorgio Agamben	*Stanze* (n° 257) *Moyens sans fins* (n° 380) *Ce qui reste d'Auschwitz* (n° 390) *L'Ombre de l'amour* (n° 434) *Le Temps qui reste* (n° 466)
Günther Anders	*Nous, fils d'Eichmann* (n° 426)
Apulée	*Le Démon de Socrate* (n° 110)
Hannah Arendt	*Considérations morales* (n° 181) *Le Concept d'amour chez Augustin* (n° 288) *Qu'est-ce que la philosophie de l'existence ?* (n° 400)
L'Arétin	*Sonnets luxurieux* (n° 192)
Aristote	*L'Homme de génie et la Mélancolie* (n° 39) *Rhétorique-Des passions* (n° 40) *Éthique à Eudème* (n° 129) *La Vérité des songes* (n° 162)
W. H. Auden	*Shorts* (n° 407)
Marc Augé	*L'Impossible Voyage* (n° 214) *Les Formes de l'oubli* (n° 333)
Augustin	*La Vie heureuse* (n° 261) *Le Bonheur conjugal* (n° 347)
Francis Bacon	*Sur le prolongement de la vie et les moyens de mourir* (n° 401)
Barbey d'Aurevilly	*Du dandysme et de George Brummell* (n° 233)
Bruce Benderson	*Pour un nouvel art dégénéré* (n° 259) *Sexe et solitude* (n° 335)
Walter Benjamin	*Je déballe ma bibliothèque* (n° 320)
Boèce	*Consolation de la Philosophie* (n° 58)
Marie Bonaparte	*Topsy, les raisons d'un amour* (n° 456)
Georg Büchner	*Lenz* (n° 244)
Buffon	*Discours sur la nature des animaux* (n° 424)

Casanova — *Mon apprentissage à Paris* (n° 252)
Patrizia Cavalli — *Toujours ouvert théâtre* (n° 379)
Claude Chabrol – François Guérif
Comment faire un film (n° 462)
Mme du Châtelet — *Discours sur le bonheur* (n° 221)
Malek Chebel — *Du désir* (n° 414)
Chesterfield — *Lettres à son fils* (n° 99)
Christine de Suède — *Maximes* (n° 200)
Claude Crébillon — *Lettres de la Marquise de M*** au Comte de R**** (n° 322)
Tullia d'Aragona — *De l'infinité d'amour* (n° 210)
Charles Darwin — *L'Expression des émotions chez l'homme et les animaux* (n° 351)
Mme du Deffand — *Lettres à Voltaire* (n° 139)
Erri De Luca — *Un nuage comme tapis* (n° 176)
Rez-de-chaussée (n° 191)
Alzaia (n° 382)
Première heure (n° 441)
Alfred Döblin — *Sur la musique* (n° 386)
John Donne — *Méditations en temps de crise* (n° 365)
Maître Eckhart — *Du détachement* (n° 143)
Conseils spirituels (n° 408)
La Divine Consolation (n° 449)
Umberto Eco - Cardinal Martini
Croire en quoi ? (n° 238)
R. W. Emerson — *La Confiance en soi* (n° 302)
Épictète — *Manuel* (n° 132)
Euripide - Sénèque — *Médée* (n° 211)
M. Fernandez — *Tout n'est pas veille lorsqu'on a les yeux ouverts* (n° 465)
Ennio Flaiano — *Journal des erreurs* (n° 275)
Charles Fourier — *Des harmonies polygames en amour* (n° 417)
S. Freud - S. Zweig — *Correspondance* (n° 166)
H. G. Gadamer — *L'Héritage de l'Europe* (n° 429)

Francis Galton	*Petit manuel de survie* (n° 467)
Goethe	*Maximes et réflexions* (n° 343)
W. Gombrowicz	*Cours de philosophie en six heures un quart* (n° 171)
Baltasar Gracián	*L'Art de la prudence* (n° 116)
Heinrich Heine	*Idées. Le Livre de Le Grand* (n° 437)
Hésiode	*Théogonie- La naissance des dieux* (n° 83)
Hippocrate	*Sur le rire et la folie* (n° 49)
	Airs, eaux, lieux (n° 174)
H. von Hofmannsthal	*Lettre de Lord Chandos* (n° 312)
	Chemins et rencontres (n° 396)
	Lettres à Rilke (1902-1925) (n° 459)
F. Hölderlin	*Poèmes* (1806-1843) (n° 352)
	Hymnes (n° 482)
Horace	*Vivre à la campagne* (n° 344)
Jahiz	*Éphèbes et courtisanes* (n° 231)
Jean	*Apocalypse* (n° 165)
	Évangile (n° 321)
Jean Chrysostome	*De l'incompréhensibilité de Dieu* (n° 317)
Jean Paul	*Être là dans l'existence* (n° 239)
Hans Jonas	*Le Concept de Dieu après Auschwitz* (n° 123)
	Le Droit de mourir (n° 196)
	Pour une éthique du futur (n° 235)
Franz Kafka	*Réflexions sur le péché, la souffrance, l'espérance et le vrai chemin* (n° 334)
Stephen Karcher	*Yi king* (n° 247)
S. Kierkegaard	*Johannes Climacus ou Il faut douter de tout* (n° 223)
	Crainte et tremblement (n° 291)
	La Répétition (n° 413)
	Dialectique de la communication (n° 470)
P. Klossowski	*La Monnaie vivante* (n° 230)
Karl Kraus	*La Littérature démolie* (n° 92)
	Cette grande époque (n° 294)
Mme de Lambert	*De l'amitié* (n° 268)
J. O. de La Mettrie	*L'Homme plus que machine* (n° 442)
François de La Rochefoucauld	*Maximes et mémoires* (n° 345)
S. J. Lec	*Nouvelles pensées échevelées* (n° 306)

Enea Silvio Piccolomini (Pape Pie II)
Lettre à Mahomet II (n° 393)

Plutarque — *Comment tirer profit de ses ennemis* (n° 103)
Comment écouter (n° 150)
La Sérénité intérieure (n° 336)
Manger la chair (n° 395)

Karl R. Popper — *Des sources de la connaissance et de l'ignorance* (n° 241)

Félix Ravaisson — *De l'habitude* (n° 208)

Jacques-Antoine de Réveroni Saint-Cyr
Pauliska ou *La Perversité moderne* (n° 361)

R. M. Rilke — *Journal de Westerwede et de Paris,* 1902 (n° 409)

Lalla Romano — *J'ai rêvé de l'Hôpital* (n° 272)

Rosvita — *Résurrection de Drusiane et de Calimaque* (n° 378)

J.-J. Rousseau — *Émile et Sophie* (n° 127)

R. Sánchez Ferlosio — *Nous aurons encore de mauvais moments* (n° 287)

Pierre Sansot — *Du bon usage de la lenteur* (n° 313)
Chemins aux vents (n° 388)

Fernando Savater — *Pour l'éducation* (n° 314)

K. G. Schelle — *L'Art de se promener* (n° 187)

Arthur Schnitzler — *Lettres aux amis* (n° 45)
Relations et solitudes (n° 51)
La Transparence impossible (n° 68)

G. Scholem — *Benjamin et son ange* (n° 158)

Schopenhauer — *Douleurs du monde* (n° 57)
Essai sur le libre arbitre (n° 66)
Contre la philosophie universitaire (n° 113)

C. M. Schulz — *La vie est un rêve, Charlie Brown* (n° 368)
Lucy psychiatre (n° 369)
Courage, Charlie Brown (n° 402)
Il est temps de changer, Charlie Brown (n° 403)
Il était une fois, Charlie Brown (n° 430)
On va y arriver, Charlie Brown (n° 431)
Peanuts (n° 446)
C'est la vie, Charlie Brown (n° 471)
Sauve qui peut, Charlie Brown (n° 472)

Sénèque — *De la tranquillité de l'âme* (n° 48)
De la brièveté de la vie (n° 53)

	Consolations (n° 60)
	Le Temps à soi (n° 457)
Angelus Silesius	*Le Voyageur chérubinique* (n° 464)
Georg Simmel	*Philosophie de l'amour* (n° 55)
	La Tragédie de la culture (n° 86)
	Michel-Ange et Rodin (n° 180)
Natsumé Sôseki	*Mon individualisme* (n° 450)
Peter Sloterdijk	*Dans le même bateau* (n° 420)
Mme de Staël	*De l'influence des passions* (n° 299)
Stoïciens (Les)	*Passions et vertus* (n° 445)
Leo Strauss	*Nihilisme et politique* (n° 460)
Sunzi – Sun Bin	*L'Art de la guerre* (n° 458)
Italo Svevo	*Dernières cigarettes* (n° 311)
Jonathan Swift	*La Bataille des livres et autres essais* (n° 419)
Jacob Taubes	*En divergent accord* (n° 425)
Thérèse d'Avila	*Le Château intérieur* (n° 248)
Chantal Thomas	*Comment supporter sa liberté* (n° 297)
	Sade, la dissertation et l'orgie (n° 384)
F. de Towarnicki	*Martin Heidegger* (n° 385)
M. Tsvétaïéva	*Après la Russie* (n° 89)
J. Van de Wetering	*Un éclair d'éternité* (n° 278)
	Le Miroir vide (n° 310)
	L'Après-zen (n° 421)
Raoul Vaneigem	*Pour l'abolition de la société marchande-pour une société vivante* (n° 480)
Oscar Wilde	*La Vérité des masques* (n° 346)
Xénophon	*L'Économique* (n° 145)
J.-G. Ymbert	*L'Art de faire des dettes* (n° 193)
Yogīndu	*Lumière de l'Absolu* (n° 281)
Federico Zeri	*Renaissance et pseudo-Renaissance* (n° 356)
	Le Mythe visuel de l'Italie (n° 357)
Stefan Zweig / Arthur Schnitzler	*Correspondance* (n° 348)

Achevé d'imprimer sur rotative
par l'Imprimerie Darantiere à Dijon-Quetigny
en septembre 2004

Dépôt légal : février 2002
N° d'impression : 24-1038

Imprimé en France